Itinerário
da mente para Deus

Dados Internacionais de Catalogação na Publicação (CIP)
(Câmara Brasileira do Livro, SP, Brasil)

Bonaventure, Saint, Cardinal, ca., 1217-1274
  Itinerário da mente para Deus / São Boaventura ; tradução e notas de Jerônimo Jerković e Luis Alberto De Boni ; prefácio de Alessandro Ghisalberti. – Petrópolis, RJ : Vozes, 2012. – (Série Clássicos da Espiritualidade)

  Título original latino: Itinerarium mentis in Deum

  11ª reimpressão, 2025.

  ISBN 978-85-326-4399-5
  1. Deus (Cristianismo) – Obras anteriores a 1800
2. Espiritualidade 3. Misticismo – Igreja Católica – Obras anteriores a 1800 I. Jerković, Jerônimo. II. De Boni, Luis Alberto. III. Ghisalberti, Alessandro. IV. Título. V. Série.

12-06621 CDD-248.22

Índices para catálogo sistemático:
1. Misticismo : Cristianismo   248.22

São Boaventura

Itinerário da mente para Deus

Tradução e notas de Jerônimo Jerković e
Luis Alberto De Boni

Prefácio de Alessandro Ghisalberti

EDITORA VOZES

Petrópolis

desta tradução:
© 2012, Editora Vozes Ltda.
Rua Frei Luís, 100
25689-900 Petrópolis, RJ
www.vozes.com.br
Brasil

Tradução do original em latim intitulado *Itinerarium mentis in Deum*

Todos os direitos reservados. Nenhuma parte desta obra poderá ser reproduzida ou transmitida por qualquer forma e/ou quaisquer meios (eletrônico ou mecânico, incluindo fotocópia e gravação) ou arquivada em qualquer sistema ou banco de dados sem permissão escrita da editora.

CONSELHO EDITORIAL

Diretor
Volney J. Berkenbrock

Editores
Aline dos Santos Carneiro
Edrian Josué Pasini
Marilac Loraine Oleniki
Welder Lancieri Marchini

Conselheiros
Elói Dionísio Piva
Francisco Morás
Teobaldo Heidemann
Thiago Alexandre Hayakawa

Secretário executivo
Leonardo A.R.T. dos Santos

PRODUÇÃO EDITORIAL

Anna Catharina Miranda
Eric Parrot
Jailson Scota
Marcelo Telles
Mirela de Oliveira
Natália França
Priscilla A.F. Alves
Rafael de Oliveira
Samuel Rezende
Verônica M. Guedes

Editoração: Fernando Sergio Olivetti da Rocha
Diagramação: Sheilandre Desenv. Gráfico
Capa: Marta Braiman
Ilustração de capa: Benedito G.G. Gonçalves

ISBN 978-85-326-4399-5

Este livro foi composto e impresso pela Editora Vozes Ltda.

Sumário

Prefácio, 7

Prólogo, 13

INICIA-SE A MEDITAÇÃO DO POBRE NO DESERTO, 21

I. A elevação a Deus por meio do universo, 23

II. A contemplação de Deus nos seus vestígios impressos no mundo sensível, 37

III. A contemplação de Deus por meio de sua imagem impressa nas potências da alma, 53

IV. A contemplação de Deus na sua imagem: a alma renovada pelos dons da graça, 65

V. A contemplação da unidade divina no seu nome principal: o ser, 75

VI. A contemplação da Santíssima Trindade no seu nome: o bem, 85

VII. O êxtase mental e místico no qual a inteligência encontra o repouso e o afeto, pelo êxtase, o passa totalmente a Deus, 95

Prefácio
Itinerarium mentis in Deum
De Boaventura de Bagnoregio

Alessandro Ghisalberti [*]

Está historicamente confirmado que o *Itinerarium mentis in Deum* é a obra mais lida, traduzida e comentada de toda a produção do Doutor Seráfico. Uma explicação fácil deste dado poderia apoiar-se no pequeno volume do texto, como também no fato de que o autor o escreveu quando já era Ministro Geral da Ordem Franciscana e, com isso, podia recomendar o opúsculo à meditação dos frades menores dentro das leituras litúrgicas da oração coral.

Contudo, é certamente mais conforme com o conteúdo do escrito reconduzir o seu sucesso, em particular nos tempos de nossa contemporaneidade, à estrutura articulada que o caracteriza. Podemos dizer que Boaventura compendia nas páginas do *Itinerarium* todos os temas da cultura do Ocidente cristão e franciscano, mostrando que se move com a autoridade do mestre de Teologia da Universidade de Paris e com o carisma do sucessor de São Francisco na guia da comunidade dos frades menores. Quero dizer que a força atrativa do *Itinerarium* está na sua capacidade de fundir, em uma síntese que fascina o

---

[*] Professor de Filosofia Medieval na Università del Sacro Cuore, em Milão.

leitor, tanto os fundamentos da revelação do Antigo Testamento (sobretudo do Êxodo e do Cântico dos Cânticos) como os do Novo Testamento (com referências diretas a muitos escritos neotestamentátrios), com as orientações de fundo, presentes nas obras de dois mestres da Idade Patrística, Agostinho de Hipona e Dionísio Areopagita, para os quais a Teologia é compreendida como escuta e acolhida do Deus que fala: teo-logia está dizendo "palavra (*logos*) de Deus que interpela o homem", e não, como acontecerá na tradição escolástica, "palavra do homem a respeito de Deus". De modo essencial, mas não superficial, antes carregando-os da peremptoriedade do irrenunciável, Boaventura inclui referências ulteriores importantes: a visão do franciscanismo como momento "kairológico" na história de seu tempo, ou seja, o anúncio do manifestar-se, com Francisco de Assis, do tempo oportuno (*kairós*) para a renovação da vida da Igreja, na fidelidade absoluta ao Evangelho de Jesus Cristo e à pobreza de Cristo e da Igreja primitiva, tal como contada pelos Atos dos Apóstolos. No início e no fim do *Itinerarium* encontra-se Francisco de Assis, o *alter Christus*, marcado no próprio corpo com o selo das chagas do Crucificado, Francisco que repetiu, em sua carne macerada e em sua vida pobre, o esponsal místico com a pobreza, segundo o modelo do Cristo nu, no abraço da morte sobre a cruz, à hora nona da primeira Sexta-feira Santa da história.

* * *

As seis asas do Serafim, que transmitiram a Francisco os "estigmas" do Crucificado, sugerem a Boaventura o número de degraus do itinerário, os quais compreendem tanto a consideração filosófica como a oração e a elevação sobrenatural. O percurso boaventuriano é marcado pela presença simultânea de investigação especulativa e de abandono espiritual, de rigorosas concatenações lógico-doutrinais e de acolhimento do dom sobrenatural do intelecto-luz divina, que torna luminosíssima a mente contemplante. Para estabelecer a ordem dos degraus o Doutor Seráfico interroga a si mesmo se deve partir das criaturas ou do próprio Deus. A pergunta é importante, dado que ele sustenta que as fontes do conhecimento humano são duas: aquela da iluminação proveniente de Deus e aquela da experiência externa, filtrada pelos sentidos. O verdadeiro itinerário, para Boaventura, deveria partir de Deus, passar pelas criaturas e retornar a Ele, mantendo-se a indiscutível superioridade de perfeição do ponto de partida. Contudo, o mestre prefere iniciar pelo mundo sensível, porque esta modalidade é mais acessível a todos, é pedagogicamente capaz de envolver também os simples e os *illitterati*. Assim, duas etapas se voltam para a procura da presença das pegadas de Deus no universo sensível; duas se concentram na procura de Deus nas operações das potências da alma humana (memória, inteligência, vontade); e as duas últimas se desenvolvem como contemplação de Deus em seus *lumina*, ou seja, nas duas luzes ou iluminações que transcendem a mente do homem e são oferecidas pela revelação. Tais luzes são os dois nomes revelados por Deus, aquele do Ser (*Eu Sou*) e aquele do Bem (*Deus é caridade*). Completado o trajeto senário, suspende-se o esforço da consideração e abre-se o espaço da sétima etapa, reservada à intervenção divina, a única que pode conceder a passagem ao "extase".

É facilmente documentável como a maior parte dos Comentários modernos e contemporâneos ao *Itinerarium* foi escrita por estudiosos do pensamento filosófico, e a atenção maior foi reservada exatamente ao estudo dos nomes divinos de Ser e de Bem, pelo fato de que as páginas boaventurianas operam uma síntese entre as instâncias da ontologia parmenídea e aquelas próprias da tradição platônico-agostiniana. O nome do ser é caracterizado pelo significado ontológico monoteístico (identidade de ser e uno); contudo, são também explicitados os significados trinitário e cristológico: o ser é "substância", ou seja, coincide com a essência mesma de Deus, a única e indivisa *deitas*, que é comum às três pessoas, e que possibilita à segunda pessoa de se apresentar como *Eu Sou* (*Ego Sum*). O nome próprio de Deus é proclamado no livro do Êxodo, em um claro contexto simbólico: a sarça ardente simboliza a carne; a chama da sarça, a alma de Cristo; a luz da sarça em chamas, a divindade unida à carne.

* * *

Uma última importante reflexão é relativa ao *Itinerarium* como modelo de *reductio*, isto é, fazendo emergir um argumento que percorre todos os três temas capitais do conjunto da produção do Doutor Seráfico: a origem do criado pela superabundância *ec-stática* do amor de Deus (*de emanatione*), a necessidade para o homem de percorrer o mundo criado procurando os *vestigia* dos arquétipos do seu Criador (*de exemplaritate*), e a recondução de tudo à intimidade do mistério do Verbo encarnado (*de consummatione*). O *Itinerário da mente para Deus* pode ser visto como perfeito modelo teórico da "redução" boaventuriana; ele é apresentado como o percurso do crente que se reconhece "pobre" e aceita caminhar "no deserto". O caminho para a felicidade perfeita, constituída pela visão de Deus, requer da alma que eduque o desejo, que realize as reduções necessárias, a fim de ser livre para acolher a graça e seus dons, com o exercício da pura elevação e consideração, na fidelidade à "redução" tematizada por Dionísio Areopagita a propósito da Teologia dos nomes divinos: da afirmação se vai para a negação, não com o objetivo de suprimir os nomes de Deus, mas de recuperá-los ao nível da Teologia superlativa ou mística e, portanto, a um nível definido como "treva luminosíssima" e "silêncio eloquentíssimo".

Vimos, além disso, como Boaventura, a propósito do ser puríssimo, instaura uma espécie de redução fenomenológica, a fim de colocá-lo na pureza de sua fenomenicidade originária, subtraindo-o de toda vontade de compreendê-lo, como se se tratasse de um objeto a ser conhecido categorialmente, ou de amá-lo segundo a lógica da reciprocidade. Na verdade, toda lógica objetivante, ou de permuta, nada pode a não ser obstaculizar o êxtase, porque nem o ser puríssimo, nem o sumo bem ou o sumo amor podem ser objetos de posse ou de permuta.

O esforço de redução purificadora da mente, que eleva da apreensão do ser contingente ao ser puríssimo, presente no capítulo V do *Itinerarium*, sugere-nos um estimulante paralelo entre a "redução" boaventuriana (que, como sabido, é objeto específico do tratado *De reductione artium ad theologiam*), e a *Reduktion* ou *epoché* de que tratam os filósofos da Escola Fenomenológica do século XX, em particular a redução que Husserl expõe no texto *Filosofia primeira – Teoria da redução fenomenológica*. O esforço que, para Boaventura, o intelecto deve empreender para aceder, redutivamente, ao ser puríssimo pode bem ser assemelhado à redução transcendental husserliana, onde o processo de *epoché* ou de redução fenomenológica não é entendido por Husserl como a procura de um núcleo asséptico de evidência e de objetos presentes à consciência, mas como um colocar entre parêntesis das concepções naturais e científicas, para chegar àquele resíduo que "se manifesta", que é a consciência de um sujeito aberto ou escancarado à manifestatividade, isto é, aberto ao real e ao seu manifestar-se. É possível ver a correspondência entre a manifestatividade da consciência transcendental própria da fenomenologia husserliana e a abertura do intelecto provido de um olhar puríssimo, no caminho de ascensão contemplativo-redutiva, descrita no *Itinerarium* boaventuriano.

Tudo quanto dissemos no presente texto pode ser sintetizado nestes termos: Boaventura nos apresenta um itinerário renovado, que da "redução" de todos os saberes converge para o momento sapiencial, o fulcro originário deles, subtraindo-os à dispersão do isolamento analítico para reconduzi-los ao ancoramento no espaço da eternidade criadora[*].

---

[*] Tradução de Luis Alberto De Boni.

Prólogo
Itinerário da mente para Deus *

1. Começo por invocar o primeiro Princípio, isto é, o eterno Pai, "Pai das luzes, fonte de todo conhecimento, de toda dádiva boa e de todo dom perfeito" [Tg 1,17].

---

* A primeira edição da presente obra foi publicada em 1968 (Petrópolis), traduzida por Jerônimo Jerković, com o título *Itinerário do Alfa ao Ômega*. Vivia-se a época pós-conciliar e a obra de Pierre Teilhard de Chardin motivava os estudiosos. O leitor poderá constatar como tanto o Concílio como o pensamento do jesuíta francês se fazem presentes em diversas notas que acompanham o texto. Mais tarde o opúsculo foi publicado em edição bilíngue, por mim organizada, com o título *São Boaventura – Obras escolhidas* (Porto Alegre, 1983), e novamente em *Boaventura de Bagnoregio: Escritos filosófico-teológicos* (Porto Alegre/Bragança Paulista, 1999). Em cada edição, sempre respeitando o trabalho de J. Jerković, fiz algumas modificações na tradução, geralmente para manter maior fidelidade ao texto latino, e acrescentei notas complementares. Entrementes, porém, o mundo deu voltas. Nos últimos 40 anos os estudos boaventurianos se multiplicaram, cabendo ressaltar os congressos realizados por ocasião do sétimo centenário de falecimento do santo, e dos quais resultaram: *S. Bonaventura 1274-1974*. J.-G. Bougerol (org.). Grotaferrata, 1973-1974 (5 vols.) e *San Bonaventura: Maestro di vita francescana e di sapienza cristiana*. A. Pompei (org.). Roma, 1976 (4 vols.). Surgiram também novas traduções e edições do *Itinerário da mente para Deus*, das quais a mais recente é a de M.M.B. Martins (Porto, 2009). – Para a presente edição, como nas anteriores, foram feitas algumas modificações na tradução e acrescentaram-se diversas notas, a fim de facilitar ao leitor a compreensão do texto (Luis A. De Boni). – Observe-se que o título latino diz: *Itinerarium mentis in Deum*, que, literalmente traduzido, seria: "Itinerário da mente em Deus". "Para Deus" deveria ser traduzido ao latim: *ad Deum*. O uso da preposição *in*, em vez de *ad*, não é casual: o propósito de Boaventura, na presente obra, não é o de somente indicar um caminho de como se chega até Deus, e sim de ensinar como o homem se une a Deus, como ele entra na contemplação mística da Divindade, tal como aconteceu com São Francisco.

Invoco-o por meio de seu Filho, Nosso Senhor Jesus Cristo, para que pela intercessão da Santíssima Virgem Maria, sua mãe, e do bem-aventurado Francisco, nosso guia e nosso pai, "ilumine os olhos"[1] de nossa mente e "dirija os nossos passos no caminho da paz", daquela paz "que ultrapassa todo o sentimento". Esta é aquela paz que Nosso Senhor Jesus Cristo ensinou e deu e da qual nosso pai São Francisco se fez repetidor[2]. O santo patriarca, com efeito, anunciava-a ao princípio e ao final de suas pregações, desejava-a em toda saudação e suspirava[3] em toda contemplação a paz do êxtase como um habitante da Jerusalém celeste. É desta mesma paz que fala o pacífico salmista – o Rei Davi – quando diz que "se conservava em paz mesmo com aqueles que odiavam a paz" [Sl 119,7]. E acrescentou: "Pedi tudo aquilo que pode contribuir à paz de Jerusalém" [Sl 121,6]. Ele sabia bem que o trono de Salomão não repousava senão sobre a paz, pois que escreveu também: "Estabeleceu sua morada na paz e sua residência em Sião [Sl 75,3].

2. A exemplo, pois, de nosso beatíssimo pai São Francisco, eu – o seu sétimo sucessor na direção de sua ordem,

---

1. Há aqui três citações bíblicas: Ef 1,17; Lc 1,79; Fl 4,7.

2. A palavra "repetidor" (*repetitor*), dita de São Francisco, é significativa. Com ela o autor está afirmando que Francisco não é um novo marco de referência, como Cristo o foi. Francisco foi grande pela perfeição com que imitou a Cristo crucificado, mas não foi um novo Cristo. Como Ministro Geral da Ordem, Boaventura teve que se haver com a corrente joaquimita extremada, que atingiu até mesmo alguns grupos dentro da Ordem Franciscana, segundo os quais, na trilha de Joaquim de Fiore, no início do século XIII o mundo estaria entrando em sua terceira e última época, a do Espírito Santo, na qual Francisco ocuparia o lugar primordial, tal como Cristo o ocupara na segunda época.

3. Tomás de Celano. *Primeira vida de São Francisco*, l. 1, c. 10, n. 23. In: *Escritos e biografias de São Francisco de Assis*. 3. ed. Petrópolis: Vozes, 1983, p. 195.
• Boaventura. *Legenda maior* c. 3, n. 2. In: *Escritos e biografias*, p. 475.

ainda que indigno – anelava ardentemente por esta paz da alma. Foi então que Deus me inspirou retirar-me ao Monte Alverne[4], como a um lugar de repouso e com o desejo de degustar lá a paz do coração. E assim fiz, por aceno divino, trinta e três anos após a morte do beatíssimo pai[5] e quase no mesmo dia de seu trânsito. Lá, meditando sobre algumas ascensões de nossa alma para Deus, entre outras coisas se apresentou ao meu espírito a lembrança do milagre acontecido com o bem-aventurado Francisco sobre esta mesma montanha[6] – a visão de um serafim alado na forma de um crucifixo. E logo me pareceu que aquela visão representava os arrebatamentos de nosso pai e indicava o caminho que se devia seguir para chegar até os mesmos.

3. Com efeito, as seis asas do serafim podiam muito bem simbolizar as seis elevações ou iluminações progressivas, pelas quais nossa alma, como que por certos degraus ou vias, dispõe-se à posse da paz através dos arrebatamentos extáticos da sabedoria cristã[7]. Mas o caminho que

---

4. O Monte Alverne situa-se no Casentino, na Província de Arezzo (Itália), a meio caminho entre Assis e Florença, e possui cerca de 1.280m de altitude. Ele tinha sido doado a São Francisco de Assis pelo seu amigo e admirador Orlando de Chiusi, cavaleiro morador do mesmo Casentino.

5. Isto deve ter acontecido em 1259, se levarmos em conta que São Francisco de Assis morreu na Porciúncula, na tarde de 3 de outubro de 1226.

6. A visão e a estigmatização de São Francisco de Assis teve lugar a 17 de setembro de 1224. Narraram-na os vários biógrafos contemporâneos do santo: cf. Tomás de Celano. Op. cit., l. 2, c. 3, p. 246s. *Legenda dos Três Companheiros* c. 17. In: *Escritos e biografias,* p. 694s.; e, obviamente, São Boaventura. Op. cit., c. 13, p. 555-563.

7. Boaventura usa a palavra sabedoria (que traduz o grego *sophia*) em diversos sentidos: no sentido comum de conhecimento geral das coisas; no de conhecimento sublime das coisas eternas; no de conhecimento de Deus acompanhado pela devoção, e, em sentido mais estrito, como conhecimento experimental de Deus, que é então um dom do Espírito Santo.

nos conduz à paz não é outro senão o amor ardentíssimo a Cristo crucificado. Foi este amor ardente que, após ter arrebatado São Paulo "até o terceiro céu" [2Cr 12,2], transformou-o de tal modo em Cristo, que o fez exclamar: "Estou crucificado com Cristo. E já não vivo eu – é Cristo que vive em mim" [Gl 2,19]. Este amor penetrou também tão vivamente a alma de São Francisco, que seus sinais se manifestaram no corpo, dois anos antes de sua morte, com os estigmas sacratíssimos da Paixão. As seis asas do serafim representam, pois, as seis iluminações progressivas que, como escadas, têm seu ponto de partida no mundo sensível e nos conduzem até Deus, no qual ninguém pode entrar senão por meio de Jesus crucificado. Aquele, de fato, "que não entra pela porta do aprisco das ovelhas, mas sobe por outra parte, esse é um ladrão

---

Este conhecimento, que é o ideal da vida e da obra de Boaventura, ele chama também de "paz", "arrebatamento místico", "douta ignorância" e "caridade" (cf. Boehner e Brown. *The Journey of the Mind to God*. Indianápolis, 1993, p. 69-71; Ph. Boehner. *Itinerarium mentis in Deum – With an Introduction, English Translation and Commentary*. St. Bonaventure, 1956, p. 129-130, nota 1. • M.M.B. Martins. *São Boaventura – Itinerário da mente para Deus*. Porto, 2009, p. 86-87, nota 3). Em diversos de seus textos, seguindo Santo Agostinho, Boaventura "emprega 'sabedoria' no sentido cristão de ideal do homem de procurar o conhecimento e a paz final". Nos textos que seguem, porém, sabedoria é tomada em sentido estrito. "Significa o conhecimento de Deus pela experiência (*cognitio Dei experimentalis*), porque a sabedoria é também um dos dons do Espírito Santo, cujo ato é saborear a doçura de Deus. Tal sabedoria pertence verdadeiramente ao estado místico; começa em conhecimento e acaba em afeição, não havendo limite para sua intensidade". Embora a denomine sob diferentes termos, sempre tem idêntica conotação: "Um conhecimento experimental, uma percepção afetiva (*gustus*) da presença divina sob a ação do dom da sabedoria. Conhecimento concreto de Deus, ela o sente 'num' efeito interior que lhe é próprio – e não 'por' ele mesmo –, isto é, no influxo da graça santificante e, num degrau mais elevado, nos ardores da caridade, que realiza a união íntima entre Deus e a alma" (E. Longpré. *Saint Bonaventure*. In: *Dictionnaire de Spiritualité*. Paris, 1937, t. I, col. 1798).

e salteador. Mas quem entra por esta porta penetrará e sairá e encontrará a pastagem" [Jo 10,1.9]. — Por isso São João nos diz no Apocalipse [22,14]: Bem-aventurados os que lavam suas túnicas no sangue do cordeiro: eles terão direito à árvore da vida e à entrada pelas portas que dão acesso à cidade". Isso significa que através da contemplação não se pode chegar à Jerusalém celeste, a não ser entrando pelo sangue do cordeiro — que é como que sua porta. Além disso, de modo algum torna-se apto para as contemplações divinas que conduzem aos arrebatamentos do espírito aquele que, como o Profeta Daniel, não for um "homem de desejos" [Dn 9,3]. Ora, duas coisas inflamam nossos desejos: a oração — que arranca "gemidos do nosso coração" [Sl 37,9] — e a contemplação — que faz voltar direta e intensamente a nossa alma para os raios da luz celeste.

4. Eu convido, pois, o leitor primeiramente ao gemido da oração, feita em nome de Jesus crucificado, cujo sangue nos purifica das manchas dos nossos pecados [Hb 1,3]. Que não venha a crer que baste a leitura sem unção, a meditação sem a devoção, a indagação sem a admiração, a atenção profunda sem a alegria do coração, a atividade sem a piedade, a ciência sem a caridade, a inteligência sem a humildade, o estudo sem a graça divina, o espelho sem a luz sobrenatural da divina sabedoria[8]. Às almas, portanto, que a graça divina já dispôs humildes e piedosas, às almas

---

8. Este trecho, de profundeza espiritual-existencial, é citado na íntegra pelo Concílio Ecumênico Vaticano II, no seu decreto *Optatam totius* (*Documentos do Vaticano II*. Petrópolis: Vozes, 1966, n. 16, nota 32, p. 1.317), sobre a formação sacerdotal. Aí o Vaticano II lembra São Boaventura para sublinhar que "as disciplinas teológicas devem ser ensinadas à luz da fé e sob a direção do magistério da Igreja, de modo que os estudantes possam acuradamente haurir da revelação divina a doutrina católica, nela penetrar profundamente, torná-la alimento da própria vida espiritual, anunciá-la, expô-la e defendê-la no ministério sacerdotal".

cheias de compunção e de devoção, ungidas "pelo óleo da alegria" [Sl 44,8] divina, às almas ávidas de sabedoria divina e, inflamadas do desejo de possuí-la, que queiram dedicar-se a glorificar, admirar e degustar a Deus, eu proponho as meditações que seguem. Advirto-as, porém, que pouco ou nada servirá o espelho que quero pôr sob seus olhos se o espelho de seus espíritos não tiver sido previamente bem purificado e bem polido. Ó homem de Deus, começa, pois, por escutar as censuras de tua consciência antes de elevares teus olhos para os raios da sabedoria divina que se refletem nos seus espelhos. Não venha a acontecer que o esplendor desta luz por demais viva te derrube numa fossa mais profunda de trevas.

5. Achei bom dividir este tratado em sete capítulos e dar um título prévio a cada um para facilitar a compreensão do seu conteúdo[9]. E agora te peço, leitor, que

---

9. Nos títulos e nos desenvolvimentos, São Boaventura emprega, de preferência, o verbo *speculare* e seus derivados (*speculatio* etc.). Para evitar o equívoco que criaria a tradução literal desses termos ("especular", "especulação" etc.), em detrimento da conotação tipicamente boaventuriana dos mesmos, optamos por traduções como "considerar" ou "consideração", "contemplar" ou "contemplação", "meditar" ou "meditação". Porque "todas estas expressões, quando empregadas no *Itinerário*, significam quase sempre a mesma coisa. O termo preferido é *speculatio*. É conscientemente considerado pelo Doutor Seráfico com conexão com *speculum* (espelho) e como função espelhante da mente que reflete todas as coisas desde a mais baixa até a mais elevada – *os spectacula veritatis*, os objetos espelhados da verdade, pois a alma ou a mente é um espelho, como o são igualmente todas as criaturas. Esta função espelhante ou especulação do *Itinerário*, que – em relação com o sentido original de *theoria* – pode ser definidamente caracterizada pelas suas conotações: 1) conota um óbvio elemento intelectual, no sentido de uma 'visão de Deus através dos e nos seus efeitos na ordem natural e sobrenatural e mesmo nas mais elevadas ideias de *ser e bem* [...]'. (É o que Boaventura chama, no original, *contuitio* = contuição de Deus). 2) Conota também uma disposição mística: 'é a contuição de um místico que está purificado e avança em direção ao mais perfeito degrau de contemplação'.

ponderes mais a intenção do autor que sua obra, mais o conteúdo que as negligências de estilo, mais a verdade que a elegância da frase, mais a vivência que a erudição. Por isso, eu te rogo não percorreres rapidamente esta série de meditações, mas de lê-las com morosa reflexão.

---

3) Conota, enfim, 'o estado de arrebatamento reverencial que se apossa da alma e eleva-a além de si mesma, ao contemplar a inacessível grandeza e o esplendor das divinas manifestações da Verdade eterna'" (Ph. Boehner. Op. cit., p. 11-28). Sobre o termo *speculatio* cf. J.-G. Bougerol. *Lexique Saint Bonaventure*. Paris, 1969, p. 120-121. Cf. tb. a longa nota de Boehner e S. Brown (op. cit., p. 43-46, nota 21). Sobre a noção de *contuitio* (contuição), cf. abaixo nota 53.

Inicia-se a meditação do pobre no deserto[10]

---

10. Há aqui, provavelmente, uma reminiscência bíblica [Js 2,1ss.]. Assim como os hebreus no deserto tendiam ao conhecimento e à conquista da terra prometida, assim também a alma, no deserto da condição humana (onde foi lançada pelo pecado), tende a retornar a Deus (G. Melani. *Itinerario della mente a Dio*. Arezzo, 1960, p. 15).

I
A elevação a Deus por meio do universo

1. "Bem-aventurado o homem, ó Senhor, que de ti recebe ajuda. Ele dispôs no seu coração os degraus para se elevar deste vale de lágrimas até o lugar onde está o termo de seus desejos" [Sl 83,6s.]. A felicidade não é senão o gozo do Sumo Bem. O Sumo Bem está acima de nós. Ninguém, por conseguinte, pode ser feliz senão elevando-se acima de si mesmo, não com o corpo, mas com o coração. Mas, para elevarmo-nos acima de nós mesmos, temos necessidade de uma virtude superior. Quaisquer que forem as nossas disposições interiores, para nada servem se a graça não nos ajudar. Ora, o auxílio divino está sempre ao alcance daqueles que o pedem do fundo do coração com humildade e devoção. Quer dizer, é dado só aos que, suspirando, voltam-se para Deus neste "vale de lágrimas" com ardente oração. A oração é, pois, o princípio e fonte de nossa elevação a Deus. Com efeito, Dionísio, em seu livro acerca da *Teologia Mística*[11], querendo nos instruir sobre os arrebatamentos da alma, começa primeiro com uma oração. Roguemos, portanto, e digamos ao Senhor nosso Deus: "Conduze-nos, ó Senhor, na tua via e eu caminharei na tua verdade. Que o meu coração se regozije no temor de teu nome"[12].

---

11. Dionísio. *De mystica theologia* c. 1 § 1 (PG 3, 998). Vide infra c. 7, n. 5.

12. Ps 85,11. Cf. *Brevil.*, p. 5, c. 4 e 10 (V, 256s.; 263s. *Boaventura de Bagnoregio: Escritos filosófico-teológicos.* Porto Alegre/Bragança Paulista, 1999, p. 197ss. e 216ss.).

2. Orando assim nosso espírito se ilumina para conhecer os diversos degraus de nossa elevação a Deus. Com efeito, na atual condição de nossa natureza, o universo é a escada pela qual ascendemos até o Criador. Ora, entre os seres criados, alguns são o vestígio do Criador, outros, ao invés, são sua imagem[13]. Alguns são materiais; outros, espirituais. Alguns são temporais; outros, eviternos[14]. E,

---

13. Há toda uma *teologia*, herdada de Santo Agostinho, atrás dos termos boaventurianos "vestígio" e "imagem" (cf. *Brevil.*, p. 2, c. 12 (V, 230. *Boaventura de Bagnoregio*, p. 130-132). *Hexaëm* 3, n. 3 (V, 343). "Vestígio" é um termo que Boaventura aplica às criaturas – tanto corporais como espirituais – enquanto de longe, mas de maneira distinta, representam a Deus como causa determinada e inconfusa – causa eficiente, formal e final. Os vestígios levam ao conhecimento dos atributos comuns e apropriados de Deus (como são o poder, a sabedoria, e a bondade). Por isso é possível vislumbrar, por meio do vestígio, o mistério da Santíssima Trindade. Quando Boaventura fala da contemplação de Deus "fora de nós pelos" vestígios e "nos" vestígios, refere-se então à subida progressiva da alma a Deus por meio das criaturas materiais. Considerar a Deus "pelos" seus vestígios significa contemplá-lo por meio das criaturas, onde reluzem as perfeições divinas. Considerar a Deus "nos" seus vestígios equivale a contemplá-lo não já no mundo, exterior a nós – onde Deus está latente –, mas no mundo que, na sua semelhança intencional, entrou dentro de nós pela porta dos sentidos (cf. *Lexicon Bonaventuriano*. Obras Completas de San Buenaventura. Madri, 1945, v. I, p. 739). Ao invés, uma criatura é imagem quando representa a Deus como "objeto" de modo próximo e distinto. A imagem considera as propriedades que têm a Deus por objeto. Leva ao conhecimento dos atributos próprios das pessoas divinas na Trindade (como a paternidade, a filiação etc.). Esta representação só é possível nos seres espirituais. Por meio da imagem a criatura pode assemelhar-se a Deus pelo conhecimento e pelo amor (cf. *Lexicon Bonaventuriano*, p. 733). Estes conceitos e seus conteúdos esclarecer-se-ão, evidentemente, à medida que avançarmos na leitura da obra. (Para uma exposição mais técnica e detalhada, cf. É. Gilson. *La Philosophie de Saint Bonaventure*. Paris, 1943, p. 165-191).

14. Diz-se de Deus que Ele é eterno; quanto às criaturas, as corpóreas são chamadas de temporais; as espirituais, de eviternas. Estas não possuem a simultaneidade absoluta de Deus, mas também não estão sujeitas à sucessão de tudo o que é composto de matéria (cf. M.M.B. Martins. Op. cit., p. 95, n. 2).

por isso, uns estão fora de nós; outros, dentro de nós. Para chegarmos à consideração do primeiro Princípio essencialmente espiritual, eterno e acima de nós, é necessário passarmos pelo vestígio, que é material, temporal e exterior. Isto significa pormo-nos na via de Deus. É necessário que entremos em nossa mente, que é a imagem eviterna de Deus, e é espiritual e está em nosso interior. E isto significa "caminhar na verdade de Deus". É necessário, enfim, que nos elevemos até o ser eterno, espiritualíssimo e transcendente, fixando o olhar no primeiro Princípio. Isto significa regozijarmo-nos no conhecimento de Deus e no respeito à sua majestade.

3. Tal é a viagem de três dias na solidão[15]. Este é o tríplice esplendor de um só dia, dos quais o primeiro pode ser comparado ao anoitecer, o segundo à manhã, o terceiro ao meio-dia. Isto ainda representa a tríplice existência das coisas: na matéria, na inteligência e na arte divina[16], segundo

---

15. Ex. 3.48: *Ibimus viam trium dierum in solitudo ut immolemus Domino Deo nostro.*

16. Como explica Ph. Boehner, "isto refere-se à existência das coisas na matéria, já que, segundo São Boaventura, todas as criaturas, mesmo os anjos, são compostos de matéria e forma; à existência das coisas no intelecto angélico (*intelligentia*); e à existência das coisas em Deus, que é a arte eterna, ou, antes, de acordo com Boaventura, no Verbo de Deus, em quem o Pai concebeu as ideias (op. cit., p. 111, nota 6). Consequentemente "o 'Seja feito' se refere à expressão das ideias na arte eterna – Deus; o 'Fez' se refere à infusão das ideias nos intelectos angélicos na sua iluminação; e, já que a luz e os anjos se equacionam, Santo Agostinho e São Boaventura notam que a criação da luz não foi uma consequência do 'Foi feito', mas que este 'Foi feito' refere-se à criação do mundo visível segundo as ideias" (ibid., nota 7). Quanto à afirmação de todas as criaturas – mesmo os anjos – estarem compostas de matéria e forma, é mister compreendê-la em sentido boaventuriano. Para Boaventura, todas as naturezas espirituais – anjo, alma etc. – são de per si compostas de matéria e forma. Mas não se trata "de matéria entendida como princípio metafísico de todo o ser que de alguma maneira está em potência e devém" (E. Bettoni. *San*

se lê na Sagrada Escritura: "Seja Feito. Fez. Foi feito" [Gn 1,3ss.]. E isto tem também relação com a tríplice substância[17] de Jesus Cristo, nossa verdadeira escada, isto é, com o seu corpo, com a sua alma e com a sua divindade.

4. Segundo esta tríplice maneira de nos elevarmos progressivamente a Deus, a nossa mente possui três principais vias para perceber. Na primeira, olha sobre as coisas corporais e exteriores – pelo que se chama "animalidade" ou sensitividade. Na segunda, olha sobre si mesma – e se chama, por isso, espírito. Na terceira, olha acima de si mesma – e se denomina "mente". Estas três faculdades devem servir-nos para elevar-nos a Deus, para amá-lo com toda a nossa mente, com todo nosso coração, com toda nossa alma[18]. Nisto consiste a observação perfeita da lei e toda sabedoria cristã.

5. Porém, cada um dos três mencionados modos é duplo, segundo considerarmos Deus como o "Alfa e Ômega" [Ap 1,8] de tudo, segundo o contemplarmos em cada um desses modos como por meio de um espelho ou como dentro de um espelho, ou, enfim, segundo considerarmos cada grau em si mesmo, separadamente, ou em

---

Bonaventura. Brescia, 1945, p. 110). Para uma exposição mais técnica, cf. É. Gilson. Op. cit., p. 192-216 e 254-273. Teilhard de Chardin "parecia" aparentar-se estranhamente com esta tese boaventuriana, quando, numa de suas primeiras obras, coloca de passagem o problema de saber "se se podem conceber mônades capazes de se organizarem em um Todo, *sans les supposer douées d'une matérialité plus ou moins déguisée*". E acrescenta: "Isto é, não haveria 'puro espírito' fora de Deus" (*Forma Christi* (1918) apud *Écrits du Temps de la Guerre*, p. 351s. e nota).

17. "Substância" é usada aqui em um sentido geral, como ocorria na época. Não se trata, pois, do termo em seu sentido filosófico estrito (substância = de estar embaixo, *sub-stare;* em grego *hypokeimenon*), como sendo algo que existe por si e é suporte dos acidentes.

18. Mc 12,30; Mt 22,37; Lc 10,27.

relação a outro[19]. É necessário, portanto, elevar ao número de seis os degraus de nossa elevação a Deus. Como Deus criou o universo em seis dias e no sétimo repousou, assim também esse pequeno mundo, que é o homem, há de ser conduzido com perfeitíssima ordem ao repouso da contemplação passando pelos seis degraus das iluminações progressivas. – Estes seis degraus estão simbolizados na Escritura. De fato, por seis degraus subia-se até o trono de Salomão [3Rs 10,19]. Os serafins que viu Isaías eram seis [Is 6,2]. Deus "chamou a Moisés do meio da nuvem", após seis dias [Ex 24,16]. Cristo igualmente, "depois de seis dias, conduziu seus discípulos a uma montanha e se transfigurou na presença deles" [Mt 17,1ss.].

6. A estes seis degraus de elevação a Deus correspondem as seis potências da alma, pelas quais ascendemos das coisas inferiores às superiores, das exteriores às interiores, das temporais às eternas. São elas: os sentidos, a imaginação, a razão, o entendimento, a inteligência e o ápice da mente, ou a centelha da sindérese[20]. Estas faculdades, for-

---

19. A respeito do conhecimento de Deus através do espelho da criatura ou no espelho da criatura, cf. I *Sent.* d. 3, p. 1, q. 3 (I, 74s.). "Os dois aspectos da indagação boaventuriana (*per speculum* e *in speculo*) indicam respectivamente o modo cognoscitivo indireto (as coisas materiais) e direto (as espirituais) e poder-se-ia traduzir em termos modernos por 'obra artística', no primeiro caso, e 'semelhança paterna em um filho', no segundo caso" (G. Melani. Op. cit. 21). Sobre o senário – a divisão em seis – na criação, cf. *Brevil.*, prol. § 2 e p. 2, c. 2 (V, 203s.; 219; *Boaventura de Bagnoregio*, p. 70-73 e p. 107s.).

20. A palavra "sindérese" (*synderesis*) entrou no vocabulário latino por meio de São Jerônimo no *Comentário a Ezequiel*, PL 25, 32), que se vale de Orígenes (PG 13, 681), ao tratar das quatro partes da alma, segundo o ensino platônico. Conforme Jerônimo, o homem, devido à sua espiritualidade, possui a capacidade de orientação, de inclinação para o bem, que ele descobre quando conhece a ordem ética. E esta capacidade não desaparece nem mesmo com o pecado, e até Caim a manteve. Os escolásticos assumi-

madas em nós pela natureza, desfiguradas pelo pecado e reformadas pela graça, devem ser purificadas pela justiça, exercitadas pela ciência, aperfeiçoadas pela sabedoria.

7. Na disposição original de nossa natureza Deus criou o homem apto ao repouso da contemplação, e por isso "o colou no paraíso das delícias" [Gn 2,15]. Tendo-se o homem, porém, apartado da verdadeira luz e tendo-se voltado para um bem perecível, encontrou-se inclinado por própria culpa para a terra e, com o pecado original, inclinou todo o gênero humano com uma dupla miséria: a ignorância do espírito e a concupiscência da carne. O homem, assim cegado e inclinado para a terra, jaz nas trevas e é incapaz de ver a luz do céu [cf. Tb 5,12] se a graça e a justiça não o ajudarem contra a concupiscência, se a ciência e a sabedoria não dissiparem a sua ignorância. Tal reparação se faz por meio de Jesus Cristo, o qual "foi feito por Deus para ser nossa sabedoria, nossa justiça, nossa santificação e nossa redenção" [1Cr 1,30]. E Cristo, "sendo a virtude e a sabedoria" [1Cr 1,24] de Deus, o Verbo humanado "cheio de graça e de verdade" [Jo 1,14], espalhou sobre nós a graça e a verdade. Ele nos deu a graça da caridade, a qual, "partindo de um coração puro, de uma consciência reta e de uma fé sincera" [1Tm 1,5] retifica

---

ram esta doutrina, dividindo-se, porém, quanto ao local onde a sindérese se encontra, se na inteligência ou na vontade. Boaventura vai dizer que a sindérese nada mais é que a vontade, enquanto, naturalmente, inclina-nos para o bem moral (II *Sent.* d. 39, a. 2, q.1, ad 4; II, 911). Assim como a inteligência possui uma luz natural judicatória, a consciência, que a dirige na ordem do conhecimento, assim também a vontade possui uma inclinação natural que a dirige para a ordem da ação, e tal é a sindérese. Esta possui tríplice ato: o estímulo para o bem; a luta contra o mal que se é tentado a cometer; e o protesto contra o mal cometido (J.-G. Bougerol. *"Synderesis"*. *Lexique Saint Bonaventure*, p. 125). Cf. a respeito *De spiritu et anima* (inter opera Augustini) c. 10, 14 e 38 (PL 40, 785ss.).

toda a alma de acordo com o tríplice modo de ver de que já falamos. Ele nos deu a ciência da verdade ensinando-nos com as três formas da teologia, isto é, a simbólica, a própria e a mística. Com a teologia simbólica nos ensina a usarmos bem das coisas sensíveis, com a própria a usarmos bem das coisas intelectuais, com a mística a transportarmo-nos aos arrebatamentos superiores do espírito[21].

8. Portanto, aquele que deseja elevar-se a Deus deve evitar o pecado que desfigura a natureza e deve aplicar as faculdades naturais, acima mencionadas, para adquirir pela oração a graça que reforma, por uma vida santa a justiça que purifica, pela meditação a ciência que ilumina, pela contemplação a sabedoria que aperfeiçoa. E, como ninguém chega à sabedoria sem a graça, sem a justiça e sem a ciência, assim também ninguém pode chegar à contemplação sem uma meditação profunda, sem uma vida pura e sem uma oração fervorosa. Ora, a graça é o princípio da retidão da vontade e da iluminação da inteligência. Por conseguinte, devemos antes de tudo orar, depois viver santamente, e, enfim, aplicar nosso espírito às belezas da verdade e nos elevar gradativamente, contemplando-as, até chegarmos à montanha excelsa, "onde se vê o sumo Deus no esplendor de sua glória" [Sl 83,8].

9. Mas, como na escada de Jacó primeiro se sobe e só depois se desce [Gn 28,12], coloquemos, pois, na base o primeiro degrau de nossa ascensão a Deus e comecemos por contemplar todo este mundo sensível como um es-

---

21. O conceito boaventuriano de teologia implica tríplice divisão – simbólica, própria e mística. "A teologia simbólica parece ser a aplicação da Sagrada Escritura às criaturas com o propósito de chegar a seu significado simbólico [...]. A teologia própria é, naturalmente, a teologia em geral; a teologia mística tem a conotação usual moderna" (Ph. Boehner. Op. cit., p. 113, nota 13; cf. tb. E. Longpré. *Dictionnaire de Spiritualité*, col. 1772-1773).

pelho através do qual podemos chegar até Deus, o artista soberano. Nós seremos assim os verdadeiros israelitas que passam do Egito à terra prometida [Ex 13,3s.]. Quer dizer, os verdadeiros cristãos que passam com Cristo deste mundo ao Pai celeste [Jo 13,1] e os verdadeiros amigos da Sabedoria que nos convida e nos diz: "Vinde a mim todos os que me desejais e eu vos saciarei dos frutos que levo" [Eclo 24,26]. "Porque também da grandeza e da beleza das criaturas se pode conhecer o Criador" [Sb 13,5].

10. O sumo poder, a sabedoria e a bondade do Criador resplandecem nas realidades criadas, conforme o revelam os sentidos corporais ao sentido interior por três modos. Com efeito, os sentidos externos servem à inteligência, quer ela raciocine, quer ela creia, quer ela contemple. Pela contemplação a inteligência considera a existência atual das coisas, pela fé o seu curso habitual[22] e pelo raciocínio a sua excelência potencial.

11. Quando a inteligência considera as coisas em si mesmas, sob o aspecto da contemplação, seu olhar descobre nelas "o peso, o número e a medida"[23]. O peso que as faz tender a um lugar, o número que as distingue e a medida que as limita. E, assim, percebe nelas o "modo, a beleza e a ordem"[24], como também a sua substância, a sua potência e a sua atividade. Eis como, pelo vestígio das coisas criadas, a inteligência pode elevar-se ao conhecimento do poder, da sabedoria e da imensa bondade do Criador.

---

22. Cf. *Brevil.* prol. § 2 (V, 203s. *Boaventura de Bagnoregio*, p. 70-72).

23. Sb 11,21. Cf. Boaventura. *Myst. Tr.* q. 1, a. 2, n. 7 (V, 54,); I *Sent.* d. 3, p. 1, dub. 3 (I, 78s.); *Myst. Tr.* q. 4, a 1, nota 5 (V, 82); *Hexaëm.* 2, n. 21ss. (V, 340).

24. Como mostram os meios eletrônicos (http://www. augustinus.it/index2.htm), Agostinho utilizou 38 vezes essas palavras (*modus, pulchritudo, ordo*), que indicam propriedades metafísicas de toda a criatura. Esse e outros grupos ternários o autor tomou de Agostinho.

12. Quando a inteligência considera o mundo com os olhos da fé, descobre-lhe então a origem, o curso e o termo[25]. Com efeito, a fé nos revela que o mundo teve uma origem pelo Verbo da vida[26]. Revela-nos também que no curso do mundo três leis se sucederam: a lei da natureza, a lei escrita e a lei da graça. Nos diz, enfim, que este mundo terá término com o juízo universal. A inteligência reconhece, destarte, na origem do mundo o poder, no seu curso a providência e no término a justiça do primeiro Princípio.

13. Finalmente, a inteligência, prosseguindo suas indagações com o raciocínio, repara que alguns seres não possuem senão a existência, outros possuem a existência e a vida, e outros têm a existência, a vida e o discernimento[27]. Os primeiros são seres inferiores, os segundos intermédios e os terceiros os mais perfeitos. Vê também entre estes três que alguns são puramente corporais. Outros, ao invés, são em parte corporais, em parte espirituais. E de tudo isto deduz a existência de seres totalmente espirituais, mais perfeitos e mais dignos do que os precedentes. – Vê ainda que certos seres estão sujeitos à mudança e à corrupção, como tudo aquilo que é terrestre. Outros são móveis, mas incorruptíveis, como os corpos

---

25. Boaventura resume aqui, em poucas palavras, sua concepção de história. O cristocentrismo que domina sua obra leva-o a uma visão do decorrer dos tempos que gira em torno da figura de Cristo. Importante, a este respeito, a obra de J. Ratzinger [Papa Bento XVI]. *A Teologia da História de São Boaventura*. Trad. de M.M.B. Martins. Porto, 2010 (original alemão: *Die Geschichtstheologie des hl. Bonaventura*. Munique, 1959).

26. Cf. Hb 11,3. Boaventura. *Brevil.* prol. § 2 (V, 203s. *Boaventura de Bagnoregio*, p. 70-72).

27. Encontramos aqui uma nova trilogia (existir, viver, discernir – *esse, vivere, discernere*), que Agostinho emprega 108 vezes em sua obra, e da qual se vale para classificar todos os seres.

celestes. Compreende então que existem outros seres que são imutáveis e incorruptíveis, como aqueles que habitam acima do céu visível. É assim que o mundo visível leva o intelecto a considerar o poder, a sabedoria e a bondade de Deus – e fá-lo reconhecer que Deus possui o ser, a vida, a inteligência, uma natureza espiritual, incorruptível e imutável[28].

14. Tal consideração se alarga ainda mais se meditarmos nas sete condições ou propriedades das criaturas que fornecem à inteligência sete testemunhos da potência, sabedoria e bondade divinas, se considerarmos a origem, a grandeza, a multidão, a formosura, a plenitude, a operação e a ordem de todas as coisas[29]. Com efeito, a origem das coisas, enquanto se refere à criação, distinção e ornamentação da obra dos seis dias, manifesta a potência divina, que as tirou do nada, a divina sabedoria, que as distinguiu claramente, e a divina bondade, que as adornou com copiosidade[30]. – A grandeza das coisas, em suas dimensões espaciais de comprimento, largura e profundidade; em suas dimensões virtuais de longo, largo e profundo (como na difusão da luz); nas três operações direcionais: íntima, contínua e difusa (tal como se observa na ação do fogo), revela claramente a imensidade da potência, da sabedoria e da bondade de Deus trino, que se encontra presente nas coisas pela potência, presença e essência, sem, porém,

---

28. Cf. Boaventura. I *Sent.* d. 3, litt. Magistri (I, 62-66). Ibid., p. 1, dub. 1 (I, 77s.).

29. As sete condições das criaturas são tomadas de Hugo de São Vítor (VII *Didascalion* 1-12; PL 176, 811-822). Cf. Bohner e Brown. Op. cit., p. 52, nota 57.

30. Cf. Boaventura. *Brevil.*, p. 2, c. 1-2 (V, 219s. *Boaventura de Bagnoregio*, p. 105-108).

ser circunscrito por nenhuma delas[31]. – A multiplicidade das coisas com as suas diferenças genéricas, específicas e individuais, diversas entre si pela substância, a forma, a figura e a atividade, demonstra a imensidade (inexaurível para a mente humana) dos três atributos divinos acima referidos. – A beleza das criaturas com a variedade de suas luzes, de suas figuras e de suas cores, considerada nos corpos simples, mistos e orgânicos – como são os astros e os minerais, as pedras e os metais, as plantas e os animais – proclama altamente as mesmas perfeições de Deus. – Fala-nos igualmente da perfeição de Deus a plenitude das coisas, porquanto a matéria está cheia de formas por causa de seus princípios de desenvolvimento latentes[32], a forma está cheia de atividades potenciais, e a potência está

---

31. Cf. Boaventura. I *Sent.* d. 37, p. 1, a. 3, q 2 (I, 648).

32. No original São Boaventura emprega uma fórmula consagrada na Idade Média: *rationes seminales*, isto é, literalmente, princípios seminais – expressão que é, por sua vez, a transposição latina dos *logoi spermatikói* do estoicismo grego. Com ela faz-se referência a uma nota que São Boaventura recebeu desses filósofos, por meio da adoção – e adaptação – de Agostinho. Dela trata expressamente em II *Sent.* d. 7, p. 2, a. 2, q. 1; d. 18, a. 1, q. 1 (II, 196s.; 431). O mesmo diz o *Liber de causis* prop. 9: *Omnis intelligentia plena est formis* (*Livro das Causas – Liber de Causis*. J.G. Ter Reegen, trad. Porto Alegre, 2000, p. 120s.). Nossa tradução pode parecer um tanto livre, mas talvez seja a única maneira de exprimir a qualidade dinâmica envolvida. No pensamento de Boaventura, "as *rationes seminales* são potencialidades ativas e positivas que o Criador inseriu e encobriu no *seminarium* deste mundo. Elas são as essências ou formas das coisas a serem produzidas. Produção e geração, porém, são apenas o despertar desta potencialidade positiva e o estímulo para o seu desenvolvimento até o estado completo e visível [...]. Os dois estados de implicação (potencialidade ativa) e de explicação (a criatura visível) são semelhantes a um botão de rosa e a uma rosa" (Ph. Boehner, op. cit., 115, nota 23). Para uma explicação mais técnica, cf. É. Gilson. Op. cit., p. 236-253). Acerca do presumível evolucionismo *ante litteram*, implicado neste conceito de Agostinho, e o evolucionismo de Teilhard de Chardin. Cf. G. Crespy. *La pensée theologique de Teilhard de Chardin.* Paris, 1961, p. 135-157.

cheia de efeitos segundo o exercício de sua atividade. – A múltipla atividade das criaturas – seja natural, cultural, moral – mostra-nos, de sua riquíssima variedade, quão imenso é aquele poder, aquela sabedoria, aquela bondade, que de todas as coisas é "a causa de existência, a razão da intelecção e a norma de vida"[33]. – A ordem que discernimos nas coisas com respeito à sua duração, à sua posição e ao seu influxo – isto é, na relação entre o antes e o depois, entre o mais alto e o mais baixo, entre o mais nobre e o mais ignóbil[34] – nos faz descobrir no livro da criação o primado, a sublimidade, a dignidade do primeiro Princípio na infinidade de seu poder. A ordem das leis divinas, dos preceitos e dos juízos no livro da Sagrada Escritura nos faz ver a imensidade de sua sabedoria. A ordem dos sacramentos, das graças e das recompensas no corpo da Igreja nos leva a admirar a sua imensa bondade. A ordem, pois, conduz-nos como pela mão de um modo muito evidente àquele que é soberanamente poderoso, sapiente e bom.

15. Cego é, por conseguinte, quem não é iluminado por tantos e tão vivos resplendores espalhados na criação. É surdo quem não acorda por tão fortes vozes. É mudo quem em presença de tantas maravilhas não louva o Senhor. É insensato, enfim, quem com tantos e tão luminosos sinais não reconhece o primeiro Princípio. Abre, pois, os olhos e inclina o ouvido de teu espírito, desata teus lábios e dispõe teu coração [Pr 22,17], para que em todas as criaturas vejas, ouças, louves e ames a teu Deus, se não quiseres que todo o universo se levante contra ti: Um dia toda "a criação se erguerá contra os insensatos" [Sb 5,21],

---

33. Esta é mais uma tríade tomada de Agostinho (VIII *De civitate Dei* c. 4 (PL 41, 228s.), e diversas vezes encontrável na obra boaventurina.

34. Para a definição de ordem, tomada de Agostinho, cf. *Perf. ev.* q. 3, a. 3, n. 9 (V, 179).

ao passo que será motivo de glória aos sensatos, os quais podem dizer com o profeta: "Senhor, a visão de tuas criaturas me encheu de gozo. Exulto perante o espetáculo de tuas mãos" [Sl 91,5]. "Como são grandiosas, Senhor, as tuas obras! Tudo fizeste com sabedoria. Toda a terra está cheia de teus bens"[35].

---

35. Sl 103,24. O leitor poderá comprovar, neste capítulo e no subsequente do *Itinerário*, como a visão franciscana do cosmo acentua vigorosamente a "sacramentalidade da matéria" – ou, para expressá-lo em termos teilhardianos, "a diafania crística da matéria". C. Cecci ("La Fede, prospettiva e criterio nella visione francescana delle cose". In: *Quaderni di Spiritualità francescana* 9, 1965, p. 83-95) mostra bem "por que a visão franciscana da natureza aparece como uma luminosa visão cósmica. Todo o mundo é como um espelho cheio de luzes" – escreve o Seráfico Doutor (*Hexaëm*, 2, n. 27; V, 340). Ou, o que é o mesmo, o mundo aparece a São Boaventura como "um livro, do qual as coisas não são senão as páginas ou as letras com as quais ele é escrito" (*Hexaëm*. 12, n. 14; V, 386) (C. Cecci. Op. cit., p. 90-91). Ora, de acordo com esta visão, "se, vistas de cima, as coisas estão já harmonicamente dispostas em unidade, porque única a sua fonte; considerando-se a partir de baixo, a unidade *più che fatta é de farsi*, não tanto classificando quanto descobrindo a trama sobre a qual tem sido tecida a sua variedade" (C. Cecci. Op. cit., p. 91). Trata-se, pois, de sublinhar a "cristofinalização" das realidades do cosmo. "Porque disto se trata na visão franciscana: tudo tem sido feito para Cristo, o todo deve coordenar-se para construir o seu trono de glória; nele todas as coisas, segundo uma expressão paulina, encontram o próprio fim e o próprio significado. Nas coisas todas deve poder-se, pois, descobrir este sublime elã da finalidade para Cristo, centro dos desígnios de Deus e da vida do mundo. Na visão franciscana, Cristo conduz tudo o que é criado ao próprio cumprimento: por isso se pode falar de um significado cósmico dele. A teoria boaventuriana de Cristo *medium omnium*, através do qual toda coisa toma o seu significado, justifica – parece-nos – o que estamos a asserir" (cf. *Hexaëm*. c. 1, n. 10; V, 330. • C. Ceci. Op. cit., p. 91s.). Nesta perspectiva cristológica, "parece óbvio que as coisas tenham um valor não determinado pelo emprego que delas se pode fazer, mas que se identifica com a sua espessura ontológica, com a sua estrutura. As coisas são aquilo que são com um 'a mais' que elas sacramentalmente escondem". A razão desta sacramentalidade da matéria é – sabe-se – a sua teoria do exemplarismo: "As coisas refletem a Deus porque Ele de algum modo escondeu-se nelas. O que são de resto

as coisas criadas na sua rica individualidade se não a tradução concreta das ideias de Deus? (ibid., p. 93). É o motivo platônico-agostiniano que retorna no pensamento franciscano, depurado, porém, daquele certo pessimismo com relação à matéria que parece estar presente sobretudo no dualismo do pensador grego. A matéria parece, antes, na visão franciscana da realidade criada, elevada à nobre tarefa de sacramento de Deus" (ibid., p. 91; cf. infra, c. 2, n. 11).

II
A contemplação de Deus nos seus vestígios impressos no mundo sensível

1. No espelho do mundo sensível podemos considerar a Deus de dois modos: ou elevando-nos a Ele por meio dos seres que compõem o universo e que são como que vestígios do Criador, ou contemplando-o existente nos mesmos seres pela sua essência, pela sua potência e pela sua presença. Esta segunda contemplação é superior à primeira. Ela ocupa, pois, o segundo lugar e forma o segundo degrau de ascensão que nos conduz à visão de Deus em cada criatura que entra em nossa alma pelos sentidos corporais.

2. Deve-se notar, em primeiro lugar, que este mundo sensível, chamado "macrocosmo" – isto é, grande mundo – penetra em nossa alma, denominada "microcosmo" – ou seja, pequeno mundo – pela porta dos cinco sentidos, de três maneiras: pela percepção das coisas sensíveis, pelo prazer que a alma experimenta nesta percepção e pelo juízo que destas coisas ela faz.

Vejamos agora como. O mundo externo se compõe de substâncias que geram, geradas e que regem a estas e àquelas. As substâncias que geram são os corpos simples, isto é, os corpos celestes e os quatro elementos fundamentais[36]. Com efeito, a luz, tendo a virtude de unir os ele-

---

36. Aqui São Boaventura, historicamente, reflete o substrato cosmológico medieval, segundo o qual "o mundo sensível se compunha de dupla natureza: a natureza celeste e a elementar. A natureza celeste compreendia

mentos pela conciliação de suas propriedades contrárias, fá-los produzir e gerar tudo aquilo que nos corpos mistos se gera e se produz pela ação das forças naturais. – As substâncias geradas são os corpos compostos de diversos elementos, como os minerais, os vegetais, os corpos dos animais e os dos humanos[37]. – As substâncias que movem e regem as precedentes são as espirituais, quer inseparavelmente unidas ao corpo – como, por exemplo, a alma dos brutos –, quer separavelmente unidas – como as almas racionais –, quer totalmente separadas como é o caso dos espíritos celestiais, que os filósofos chamam inteligências e nós denominamos anjos. Segundo os filósofos, a função dos anjos seria a de moverem os corpos celestes e de governarem o cosmos, recebendo, porém, da causa primeira a potência de ação da qual se serviriam para manter as coisas no seu estado natural. Segundo os teólogos, ao invés, Deus confiou-lhes o governo do universo, mas no que diz respeito à obra de nossa salvação. Por isso, são também

---

três céus: o empíreo, o cristalino e o firmamento, com sete planetas que se moviam debaixo deles: Saturno, Júpiter, Marte, o Sol, Vênus, Mercúrio e a Lua. A natureza elementar compreendia quatro elementos: o fogo, o ar, a água e a terra. Estes elementos tinham quatro propriedades contrárias: o quente, o frio, o úmido e o seco. Os corpos celestes e os elementos eram corpos simples; concorriam na geração e na produção dos seres compostos. Os quatro elementos entravam na formação dos corpos mistos, mas, para se unirem, tinham necessidade do influxo dos corpos celestes, que por sua luz, seu calor e sua energia os atraíam, os relacionavam e temperavam suas qualidades contrárias" (Ch. de Bordeaux. Op. cit., p. 178-188, nota 8). Hoje – é claro – esta visão ptolomaica do cosmo está completamente ultrapassada. Isso, porém, em nada diminui a exposição de São Boaventura. O valor perdurável de sua lição radica naquilo que este capítulo e o anterior intencionam: "redescobrir" a sacramentalidade da matéria – a diafania de Deus nos seus vestígios que impregnam a criação.

37. Cf. Boaventura. *Brevil.* p. 2, c. 3 e 4 (V, 220ss. *Boaventura de Bagnoregio*, p. 109-113).

"espíritos administradores enviados para ajudarem aos que devem ser um dia herdeiros da salvação"[38].

3. O homem, que é um "pequeno mundo", tem cinco sentidos que são como as portas, por meio das quais o conhecimento das realidades sensíveis entra em sua alma. Com efeito, pela vista entram os corpos celestes e luminosos e os coloridos. Pelo tato entram os corpos sólidos e terrestres. Pelos outros três sentidos entram os corpos intermédios. Assim, pelo gosto entram os corpos líquidos; pelo ouvido, os aeriformes; pelo olfato, os vaporáveis (os quais participam da natureza da água, do ar e do fogo, como se pode ver no perfume que se exala dos aromas). Em resumo, os corpos simples e os compostos entram em nossa alma por meio dos sentidos.

Pelos sentidos, porém, não percebemos apenas as coisas sensíveis que são objeto próprio de certos sentidos, tais como a luz, o som, o odor, o sabor e as quatro qualidades primárias que o tato aprende. Por eles percebemos também as coisas sensíveis, que são o objeto comum a muitos sentidos, tais como o número, a grandeza, a figura, o repouso, o movimento. Descobrimos igualmente que "tudo o que se move é movido por outrem"[39] e que certos seres – os animais, por exemplo – têm em si mesmos a causa de seu movimento e de seu repouso. Daí segue-se que, quando nós percebemos por meio dos sentidos o movimento dos corpos, somos induzidos ao conhecimento das substâncias espirituais que os movem, assim como o efeito nos conduz ao conhecimento de sua causa.

---

38. Hb 1,14. A respeito da teoria, defendida pelos filósofos, de que as "inteligências" movem os astros, Boaventura a toma como provável (cf. Boaventura. II *Sent.* d. 14, p. 1, a 3, q. 2; II, 349). O que para ele é certo, e fundado na Bíblia, é que Deus confiou aos anjos o governo do mundo.

39. Aristóteles. VII *Physica* c. 1, 241b 24-25.

4. Todo este mundo sensível, então, com os seus três gêneros de seres, entra em nossa alma pela percepção. Notemos, no entanto, que as coisas sensíveis – que são as primeiras a penetrarem na alma pela porta dos cinco sentidos –, sendo exteriores e materiais, não entram pela sua substância material, mas unicamente pela sua semelhança ou imagem. Esta imagem se forma primeiramente num lugar intermédio e distinto. Daí passa para os órgãos externos. Estes a transmitem ao sentido interno e daqui passa à faculdade apreensiva[40].

É assim que as imagens de todas as coisas que provêm de fora – geradas primeiro neste lugar intermédio, transportadas depois aos nossos órgãos pela reação da faculdade apreensiva sobre a imagem – engendram a percepção de todos os objetos exteriores[41].

5. Quando a percepção tem por objeto uma coisa que nos convém, ela vem acompanhada de prazer[42]. Efetivamente, o sentido se compraz no objeto percebido mediante a imagem ou semelhança abstraída dele, seja por causa de sua beleza – quando se trata da vista –, seja por causa de sua suavidade – como no olfato e no ouvido –, seja

---

40. Agostinho. XI *De Trinitate* c. 9, n. 6 (PL 42, 996). Cf. Aristóteles. II *De anima* c. 12, 424a; III, c. 12, 434b.

41. Os editores de Quaracchi (V, 300, nota 6) lembram as categorias da psicologia noética que aqui estão em jogo e cujos antecedentes podem encontrar-se em Aristóteles e Santo Agostinho: a faculdade perceptiva – ou potência apreensiva pela qual se toma conhecimento dos objetos exteriores – se divide em externa e interna. A primeira compreende os sentidos externos. A segunda, por sua vez, abrange o sentido comum, a imaginação (ou fantasia), o juízo e a memória.

42. O prazer (*delectatio*) é definido por Boaventura como a união da conveniência com o conveniente (Boaventura. IV *Sent.* d. 16, p. 1, a. 3, q. 1, nota 3; IV, 391), acentuando, porém, que o prazer consiste propriamente na ação que segue a esta conjunção.

por causa de sua salubridade – quando se trata do gosto e do tato. Mas a razão de todo prazer é a proporção. Ora, a imagem de onde provém o prazer é simultaneamente forma, virtude e ação. É forma em relação ao objeto donde emana. É virtude ou potência em ordem ao meio pelo qual passa. É ação em razão do término sobre o qual age.

Consequentemente, considerada na imagem sensível, enquanto tem caráter de forma, a proporção se chama beleza. Com efeito, "a beleza não é senão uma igualdade numérica"[43], isto é, "uma certa disposição das partes unidas à suavidade das cores"[44]. Considerada novamente na imagem sensível, enquanto tem caráter de potência ou força, a proporção se denomina suavidade, sempre que a virtude agente não exceder à capacidade daquele que recebe a impressão sensível. O sentido, de fato, sofre nos extremos e se compraz no meio-termo. Finalmente, considerada na imagem sensível, enquanto tem caráter de uma impressão eficaz, a proporção chama-se salubridade, sempre que o agente, pela sua ação, satisfaz uma necessidade do recipiente. Esta ação é então salutar para ele, porque o conserva e o nutre. É sobretudo no gosto e no tato que se experimenta esta atividade benéfica[45]. Daí se deduz que as

---

43. Agostinho. VI *De musica*, c. 13, n. 38 (PL 32, 1148).

44. Agostinho. XXII *De civitate Dei* c. 19, n. 2 (PL 41, 781).

45. "Em outras palavras, o prazer supõe a proporção. Por conseguinte, a imagem que compraz a nossos sentidos deve ser proporcionada. Ora, a imagem é simultaneamente três coisas: 'forma', porque é a semelhança da natureza (forma) do objeto sensível; 'potência', porque, pela virtude do objeto, ela atravessa o meio e chega ao órgão; 'ação', porque, recebida no órgão, ela age e concorre à percepção do objeto. É mister, pois, que, para comprazer aos sentidos, a imagem tenha uma tríplice proporção. Enquanto forma, ela será proporcionada se for bela, se o objeto que ela representa for bonito. Enquanto potência, ela terá proporção, se for suave, se não ultrapassar a capacidade de nosso órgão e se não chegar a ele

coisas sensíveis entram na alma pela sua imagem ou semelhança, produzindo prazer de acordo com as três maneiras
que lhe são próprias.

6. O juízo segue à percepção e ao prazer. Com o juízo
não se julga apenas se uma coisa é branca ou preta – o
que pertence a um sentido particular –, ou se é nociva
ou benéfica – o que é próprio do sentido interior. Mas
também se julga e se dá a razão de por que essa coisa nos
é agradável. Com o juízo, portanto, procuramos a causa
do prazer que a percepção de um objeto nos faz experi-
mentar. Mas buscar a causa do prazer sentido é procurar a
causa da beleza, da suavidade e da salubridade do objeto.
Descobrimos, assim, que a dita causa é uma proporção de
igualdade. Ora, a razão da proporção é a mesma tanto nos
objetos grandes como nos pequenos. Ela não se estende
com as dimensões. Nem passa com o que passa nem o
movimento das coisas a altera. A natureza da igualdade
é, pois, independente do lugar, do tempo e das mutações.
Por isso mesmo ela é imutável, sem limites no espaço e

---

com demasiada força. Enquanto ação, ela terá proporção se for salutar,
isto é, se o efeito por ela produzido for benéfico para nossa natureza"
(Ch. de Bordeaux. Op. cit., p. 188-189, nota 9). Isto se explica ainda mais
facilmente se levarmos em conta que, para São Boaventura, há "uma certa
'circumincessão' (ou interpenetração) entre a alma e suas potências e entre
as potências entre si, no sentido de se exigirem mutuamente. Não se pode
pensar na alma prescindindo do intelecto e da vontade, como não se pode
pensar um ato intelectivo e volitivo prescindindo da racionalidade, que é
precisamente o constitutivo da alma". E é esta doutrina que fundamenta a
concepção boaventuriana da sensação. No pensamento de Boaventura, "a
sensação é uma modificação passiva do composto humano, mas, por ser
inseparável do juízo, é mister dizer que a sensação começa no órgão, mas
se realiza na alma. De fato, a beleza consiste numa exata relação numérica; o prazer, numa proporção; a salubridade, numa conveniência entre o
objeto e o nosso órgão" (Para uma exposição mais técnica, cf. É. Gilson.
Op. cit., p. 274-304).

no tempo e inteiramente espiritual. O juízo é, portanto, o ato que faz entrar na inteligência, depois de tê-la depurado pela abstração, a imagem sensível percebida pelos sentidos. E assim todo este mundo sensível entra na alma humana pela porta dos sentidos, mediante as três operações de que acabamos de falar.

7. Ora, tais atividades são vestígios nos quais podemos contemplar a Deus como em tantos outros espelhos. – Com efeito, a imagem percebida é uma semelhança do objeto gerada num lugar intermédio e impressa depois no órgão, a qual, por meio desta impressão, induz-nos ao conhecimento de seu princípio – isto é, do objeto que representa. Consequentemente, este processo nos indica com evidência que também a Luz eterna gera de si mesmo uma imagem ou um esplendor que lhe é igual, consubstancial e coeterno. E insinua-nos que aquele que é "a imagem do Deus invisível" [Cl 1,15], "o resplendor de sua glória e a figura de sua substância" [Hb 1,3] e que existe em todas as partes por sua geração primeira – como um objeto gera sua imagem ou semelhança em qualquer meio – se uniu pela graça da união à natureza racional – como a imagem se une ao órgão corporal – para, por meio de tal união, reconduzir-nos ao Pai como princípio originário e objeto[46]. Portanto, se todas as coisas cognoscíveis têm a virtude de gerar uma imagem de si mesmas, é evidente que em todas elas podemos contemplar, como através de um espelho, a eterna geração do Verbo, Filho e Imagem de Deus, eternamente emanado do Pai.

---

46. Boaventura diz "princípio fontal e objeto" (*fontale principium et objectum*). "Fontal" indica que Deus é princípio de um modo diferente, pois é a fonte de onde tudo brota. Ele é também "objeto fontal" de nosso conhecimento, porque a constituição de nosso intelecto é tal que Ele é o primeiro objeto do conhecer (cf. M.M.B. Martins. Op. cit., p. 130, nota 14).

8. De igual modo, a imagem das coisas sensíveis que nos agrada porque é bela, suave e salutar, insinua que esta primeira imagem do Pai é a beleza, a suavidade e a salubridade por excelência. Que ela possui uma proporção e uma igualdade perfeitas com aquele que a gera. Que ela frui de uma virtude real – e não imaginária – que se expande. Que, por fim, a impressão que produz sobre nós é salutar e plena, capaz de satisfazer todos os nossos desejos. O prazer, portanto, nasce em nós "da união com aquilo que nos convém"[47]. Por outra parte, só a imagem de Deus é soberanamente bela, suave e salutar. Finalmente, só ela se une a nós realmente, intimamente e com uma plenitude que esgota toda nossa capacidade. De tudo isso, então, deve-se deduzir que só em Deus está a fonte da verdadeira felicidade e que todos os gozos que causa a visão das criaturas nos conduzem à busca desta verdadeira felicidade.

9. O juízo, porém, vai nos fornecer uma maneira mais excelente e mais imediata de contemplarmos a Verdade eterna[48]. Com efeito, o juízo se realiza segundo uma lei

---

47. Cf. supra, nota 42. Esta definição de prazer provém de Avicena (Bohner e Brown. Op. cit., p. 55). Cf. Agostinho. *De vera religione* c. 18, n. 35ss.; c. 43, n. 81, 83 (PL 34, 137; 159s.).

48. Temos aqui uma primeira alusão à assim chamada teoria da "iluminação" de Agostinho, a qual permeia toda a gnoseologia de Boaventura. Para explicar a presença de "verdades necessárias" na mente do homem – ser finito e contingente – Boaventura acha que não basta a faculdade cognoscitiva do intelecto e a representação das coisas pela percepção sensorial. É mister ainda "uma assistência extrínseca de Deus de ordem integral, que se concretiza na nossa mente com a impressão da ideia de Deus. Assim como da ideia com a qual Deus se conhece são geradas eternamente, necessariamente, as *rationes aeternae* (as normas eternas) das coisas, assim também daquela ideia de Deus, inata em nossa mente, geram-se necessariamente os primeiros princípios teoréticos e práticos e todas as leis da racionalidade que revestem e unificam todos os nossos conhecimentos à medida que os adquirirmos por meio da experiência, dando-lhes os caracteres de

que faz abstração do tempo, do lugar e da mutabilidade – e, por isso mesmo, da dimensão, da sucessão e da mutação. Isto é, realiza-se de acordo com uma lei que não pode mudar nem ter limite algum no espaço e no tempo. Ora, nada é absolutamente invariável, sem limites e sem fim senão aquilo que é eterno. E tudo o que é eterno é Deus ou está em Deus. Se, portanto, todos os nossos juízos repousam sobre esta lei, então a consequência é óbvia: só Deus é a razão de todas as coisas, a regra infalível e a luz verdadeira. Nesta luz brilham todas as criaturas de uma maneira infalível, indelével, indubitável, irrefutável, invariável, ilimitável no espaço e no tempo, indivisível e intelectual. É por isso que as leis, segundo as quais fazemos um juízo certo sobre todos os objetos sensíveis que se apresentam à nossa consideração, são infalíveis e indubitáveis para nossa inteligência. Nem podem ser erradicadas

---

necessidade e absolutez que são próprios da verdade" (E. Longpré. *San Bonaventura*, p. 131. Cf. tb. É. Gilson. Op. cit., p. 274-324, em especial p. 304-324. • Boehner e Brown. Op. cit., p. 55s., nota 80). O texto em que Boaventura, de maneira resumida, melhor desenvolve sua teoria é o sermão *Cristo, único mestre de todos (Christus unus omnium magister;* V, p. 567-574; *Boaventura de Bagnoregio,* p. 369-386). Observa ele que para se ter certeza torna-se necessário haver imutabilidade tanto por parte do cognoscível como do cognoscente, isto é, do objeto e do sujeito. Tal imutabilidade não existe, porém, nas criaturas. Só pode, pois, existir em Deus. "Mais que dizer que as ideias se originam das coisas, deve-se dizer que as coisas se originam das ideias", e a certeza por parte do sujeito provém da "relação entre a luz da inteligência criada e a da Sabedoria eterna" (L.A. De Boni. In: *Boaventura de Bagnoregio.* Introd., p. 48s.). Observe-se, porém, que, na teoria boaventuriana, iluminação não se compreende como uma visão tal como se verifica na visão beatifica, ou como é ensinada por aqueles pensadores classificados como ontologistas. Boaventura, para explicar como se dá o conhecimento, montou uma interessante teoria que se vale tanto de Aristóteles como de Agostinho (e do neoplatonismo). Ele teve como seguidores diversos confrades e também mestres seculares, como Henrique de Gand, mas, a partir do final do século XIII, até mesmo franciscanos como Pedro Olivi, Duns Scotus e Ockham seguiram por outros caminhos.

de nossa memória, porque é como se sempre estivessem presentes. Nem admitem refutação ou julgamento de nossa razão. Com efeito, segundo diz Santo Agostinho, "ninguém julga delas, mas por meio delas"[49]. Por conseguinte, tais leis devem ser imutáveis e incorruptíveis porque são necessárias. Não devem ter limites no espaço, porque não são circunscritas por lugar algum. Nem devem ter limites no tempo, porque são eternas. Por igual razão, não podem ser divididas em partes, porque são intelectuais e incorpóreas. Não são feitas, mas incriadas, porque existem desde toda eternidade no exemplar divino, do qual decorre toda beleza como de sua fonte, de sua causa e de seu modelo. Por isso, não podemos emitir um juízo certo sobre certas coisas senão de acordo com este exemplar eterno. Porque ele não é só o modelo segundo o qual tudo foi feito, mas também o poder e a sabedoria que tudo conserva e tudo distingue. Ele é o ser que mantém cada criatura na forma que lhe é própria e é também a regra segundo a qual nossa alma julga tudo aquilo que a ela se oferece pelo sentido.

10. Esta consideração pode ainda se desenvolver percorrendo as sete espécies de números, com os quais se ascende a Deus como por sete degraus. Santo Agostinho seguiu este método no seu tratado *Sobre a verdadeira religião*[50] e no seu sexto livro *Sobre a música*[51]. Nestas obras ele

---

49. Agostinho. II *De libero arbitrio* c. 14, n. 28 (PL 32, 1.262); *De vera religione* c. 31, n. 58 (PL 34, 147s.).

50. Agostinho. *De vera Religione*, c. 40-41, n. 74-82 (PL 34, 155-159).

51. Agostinho. VI *De musica* (PL 32, 1.162-1.194). Santo Agostinho "por número quer significar não somente números naturais, mas também relações harmoniosas, proporções e, decerto, ritmos [...] Os primeiros ritmos ou números são os *sonantes* – números soantes, que são exteriores à alma no corpo e estão no ar. Os *occursores* – números ocorrentes, que são ritmos

determina a diferença destes números que se elevam gradativamente das criaturas sensíveis até o Criador de tudo e que nos fazem ver a Deus em todas elas.

Com efeito, segundo as explicações do santo doutor, há números nos corpos, sobretudo nos sons e na voz; ele os chama "soantes". Há números tirados dos primeiros e recebidos na faculdade sensitiva: estes os chamam de "concorrentes". Há outros números que procedem da alma e se projetam no corpo, como se pode ver nos gestos e na dança: ele os denomina "progressivos". Há números nos prazeres dos sentidos produzidos pela reação sobre a imagem percebida: a estes designa-os com o nome de "sensoriais". Há números retidos na memória, aos quais denomina com o termo de números "memoriais". Além disso, chama números "judiciais" aqueles pelos quais julgamos todas as coisas. Estes – como se fez observar – estão necessariamente acima de nossa mente, pois que são infalíveis e não dependem de nosso julgamento. Estes

---

percebidos como existentes na apreensão dos sentidos. Os *progressores* são os números que vêm de dentro e são expressos em gesticulações e movimentos rítmicos. Os *sensuales*, números sensoriais, são os prazeres que tais números nos causam. Ritmos ou melodias podem ser conservados na memória, e, quando recordados, constituem os *memoriales* ou números lembrados. Finalmente, transcendendo a mente, estão os *iudicales* – os números judiciais, que são as razões eternas pelas quais julgamos acerca dos ritmos. É interessante observar que Boaventura acrescenta uma sétima espécie: os números artísticos, *artificiales*, são as concepções de artista que por uma impressão das razões eternas ou números judiciais, mediante ações apropriadas do corpo (*progressores*), são capazes de expressar coisas belas e bem proporcionadas. Esta é uma valiosa contribuição de São Boaventura para a teoria da arte: aqui está uma base para o elemento expressionístico que deve estar em cada criação, sem o qual esta será simples imitação e, consequentemente, uma arte não verdadeira" (Ph. Boehner. Op. cit., p. 119, nota 2. • Cf. Boehner e Brown. Op. cit., p. 56-58, nota 82).

últimos criam nas nossas almas os números "artísticos", que, no entanto, Santo Agostinho não menciona nesta classificação por estarem conexos com os "judiciais". Destes derivam os números "progressivos", dos quais tiram sua origem numerosas formas de obras artísticas. Assim descemos ordenadamente dos números mais elevados, através dos intermediários, até os ínfimos, e ascendemos também gradativamente aos supremos, partindo dos "soantes", passando pelos "ocorrentes", "sensoriais" e "memoriais".

Portanto, porque todas as coisas são belas e de certo modo agradáveis, porque a beleza e o prazer não podem existir sem a proporção e porque a proporção se encontra principalmente nos números, é necessário que em todas as coisas se encontre o número. Por isso, "o número é o principal exemplar na mente do Criador"[52] , e é nas coisas o principal vestígio que conduz à sabedoria. Como este vestígio – o número – é o mais evidente a todos e muito próximo de Deus, conduz-nos muito perto de Deus, fazendo-nos passar por sete diferentes degraus. Ele no-lo faz conhecer nas coisas corporais e sensíveis, ao percebermos as coisas feitas segundo uma disposição de números, ao deleitarmo-nos nas suas harmoniosas proporções e ao julgarmo-las de modo irrefutável pelas leis dos números.

11. Destes dois primeiros degraus pelos quais somos levados a contemplar a Deus nos seus vestígios – degraus figurados pelas duas asas, que cobrem os pés do serafim [Is 6,2] – podemos concluir que todas as criaturas do mundo sensível conduzem o espírito do contemplante

---

52. Boécio. I *Arithmetica* c. 2 (PL 63, 1.083).

e do sábio ao Deus eterno. As criaturas são, efetivamente, uma sombra, um eco e uma pintura daquele primeiro Princípio potentíssimo, sapientíssimo e ótimo; daquela eterna origem, luz e plenitude, e, além disso, daquela causa eficiente, exemplante e ordenadora. Elas são sombras, ecos e aparências, são vestígios, semelhanças e espetáculos colocados e sinais divinamente apresentados aos nossos olhos para contuirmos[53] a Deus. São – digo – exemplares ou, melhor ainda, ilustrações propostas aos espíritos ainda rudes e presos à vida dos sentidos, a fim de elevarem-nos, pelas realidades sensíveis que veem, às coisas da inteligência que não veem, assim como por meio dos sinais chega-se ao conhecimento das realidades significadas.

12. Ora, as criaturas do mundo visível são os sinais "das perfeições invisíveis de Deus" [Rm 1,20], seja porque Deus é a causa, seu exemplar e seu fim (pois todo efeito é sinal de sua causa, toda cópia é sinal de seu exemplar e todo meio é sinal do fim ao qual conduz), seja por meio de sua própria representação, seja como figura profética, seja pelo ministério dos anjos, seja por uma instituição di-

---

53. "Contuir", "contuição" (*contuire, contuitio*) – que poderiam talvez ser redigidas como "cointuir", "cointuição" – são palavras usadas diversas vezes por Boaventura. Há toda uma tradição bíblica dizendo que o homem, nesta vida, não pode por suas forças ver a Deus tal como os santos o contemplam na eternidade. Ele pode, porém, ter certeza da presença dele através dos vestígios, dos sinais, e com isso se salva a teoria da iluminação. "Contuição é, pois, 'a apreensão intelectual da presença do ser infinito no e pelo ser finito'. Ela se coloca, portanto, no âmbito de uma metafísica do ser infinito, tomando o ser finito, quando considerado em si mesmo, como uma relação de dependência essencial ante o ser infinito. Essa relação o ser finito a pode descobrir quando o intelecto, considerando as condições do ente segundo a relação de causa para causado, transporta-se pelo afeto para as causas e transfere-se para as razões eternas" (cf. L. Prunières. *Contuitio*. In: *Lexique Saint Bonaventure*, p. 41-46).

vina. Todas as criaturas são, de fato, pela sua natureza, uma imagem ou semelhança da Sabedoria eterna. Mas o são particularmente aquelas que foram empregadas pelo espírito de profecia para prefigurarem realidades espirituais. São-no, porém, mais especificamente, aquelas em cuja figura Deus quis aparecer pelo ministério dos anjos[54] e, de maneira toda especial, aquelas que Deus mesmo instituiu para serem sinal de sua graça – e não apenas um sinal, no sentido ordinário da palavra, mas um sinal que é um sacramento[55].

13. Concluamos, então, "que as perfeições invisíveis de Deus, desde a criação do mundo, veem-se visivelmente através do conhecimento que as criaturas dele nos dão. De maneira que são indesculpáveis" [Rm 1,20] os que não querem considerar tais coisas e recusam, com isso, reconhecer, bendizer e amar a Deus na criação, porque estes não querem passar das trevas à admirável luz de Deus.

---

54. Sobre o ministério dos anjos, cf. Boaventura. I *Sent.* d. 16, q. 1 (I, 279); II *Sent.* d. 10, a. 3, q. 2, ad 6 (II, 273).

55. De acordo com a definição clássica, os sacramentos são sinais eficazes da graça. Eles "destinam-se à santificação dos homens, à edificação do Corpo de Cristo e ainda ao culto a ser prestado a Deus. Sendo sinais, destinam-se também à instrução. Não só supõem a fé, mas por palavras e coisas também a alimentam, a fortalecem e a exprimem. Por esta razão são chamados sacramentos da fé. Conferem certamente a graça, mas a sua celebração também prepara os fiéis do melhor modo possível para receberem frutuosamente a graça, cultuarem devidamente a Deus e praticarem a caridade (Const. *Sacrosanctum Concilium*, n. 59. *Documentos do Vaticano II*, n. 619). Em cada um dos sacramentos a Igreja se autorrealiza, num e para um indivíduo, como "sacramento universal de salvação" (Const. *Lumen Gentium*, n. 48). Pois "Deus convocou e constituiu a Igreja – comunidade congregada daqueles que, crendo, voltam seu olhar para Jesus Cristo, autor da salvação e princípio da unidade e da paz – a fim de que ela seja, para todos e cada um, sacramento visível desta salutífera unidade" (ibid., n. 9).

"Nós, porém, demos graças a Deus por meio de Jesus Cristo, Senhor Nosso" [1Cr 15,57], "que nos tirou das trevas para conduzir-nos à sua maravilhosa luz" [1Pd 2,9]. Entrementes, por estas luzes exteriores, disponhamo-nos a fixar os olhos sobre o espelho de nossa alma, na qual resplandecem as perfeições divinas.

III

A contemplação de Deus por meio de sua imagem impressa nas potências da alma

1. Os dois primeiros degraus percorridos até agora nos guiaram a Deus pelos seus vestígios – através dos quais ele brilha em todas as criaturas – e nos fizeram reentrar em nós mesmos, isto é, na nossa alma, onde reluz a imagem de Deus. Penetrando, pois, agora em nós mesmos neste terceiro degrau e como que abandonando o mundo sensível – que é como o adro externo do lugar ao qual temos que chegar – , devemos esforçar-nos por ver a Deus, como num espelho, no seu templo [Ex 26,34s.], isto é, na parte anterior do tabernáculo[56]. Aqui a luz da verdade brilha à maneira de candelabro perante nossa alma, na qual resplandece a imagem da beatíssima Trindade.

Entra, pois, ó homem, em ti mesmo e observa com que ardor tua alma se ama a si própria. Ora, ela não poderia amar-se se não se conhecesse. Nem poderia conhecer-se se não tivesse lembrança de si mesma. Porque nossa inteligência não aprende senão aquelas coisas que a memória torna presentes. Vê, portanto, não com os olhos da carne,

---

56. Boaventura refere-se às três partes do templo: a) a parte externa, chamada de átrio ou vestíbulo; b) o santuário, o santo, parte anterior do tabernáculo, ou primeiro tabernáculo; c) o Santo dos Santos, ou segundo tabernáculo. O vestíbulo corresponde aos dois primeiros degraus do "Itinerário" e é uma analogia com o mundo; o santuário corresponde aos degraus três e quatro e é analogia da mente. O Santo dos Santos corresponde aos degraus cinco e seis e é analogia de Deus (Bohner e Brown. Op. cit., p. 59).

mas com os olhos da razão, como nossa alma possui três potências[57]. Considera as atividades e as relações mútuas destas três potências e poderás ver a Deus em ti mesmo como na sua imagem[58]. Isso significa ver a Deus "por um espelho e escuramente" [1Cr 13,12].

2. A atividade da memória[59] consiste em reter e representar não só as coisas presentes, corpóreas e temporais, mas também as contingentes, simples e sempiternas. Retém as coisas passadas com a lembrança, as presentes com a visão, as futuras com a previsão. Retém as coisas simples, tais como os princípios das quantidades contínuas e numéricas – o ponto, o instante, a unidade –, sem o que seria impossível recordar ou pensar aquelas coisas que de-

---

57. A analogia favorita de Boaventura (memória, inteligência e vontade) é tomada de Agostinho (IX e X *De Trinitate*; PL 42, 960-984). Ao analisar a relação destas três faculdades com a mente, Boaventura o faz de forma paralela à relação das três Pessoas com a essência divina (II *Sent.* d. 3, p. 2; II, 112-129).

58. A alma humana possui três potências: memória, inteligência e vontade. Boaventura, seguindo Agostinho, vê na constituição da alma com três faculdades uma imagem, pela qual o homem pode perceber sua semelhança (imperfeita) com Deus: um só Deus em três Pessoas (cf. Agostinho. XIV *De Trinitate*, c. 8; PL 42, 1.044).

59. Nesta exposição – perpassada, aliás, do influxo de Santo Agostinho – o termo "memória" possui significação mais larga do que a acepção atual. Boaventura, no presente texto, diz que a memória possui três funções primordiais: a) a retenção e representação das experiências interna e externa; b) a retenção e representação dos primeiros princípios geométricos, físicos e matemáticos; c) a apreensão dos primeiros princípios e axiomas das ciências (cf. Bohner e Brown. Op. cit., p. 60; cf. tb. Ph. Boehner. Op. cit., p. 121-122, nota 5). A compreensão moderna de memória toma a esta como a faculdade de recordar coisas do passado. Para Agostinho – e Boaventura o segue – ela é, antes de tudo, a faculdade que permite ao homem ter consciência de seu eu, referir a si os fatos de outrora. É magistral e insuperável a descrição da memória feita por Agostinho no livro X de *Confissões* (c. 8-27; PL 32, 784-795).

las decorrem. Retém também os princípios e os axiomas das ciências como eternos e para sempre. Porque, enquanto tiver uso da razão, jamais pode esquecê-los e, se lhos propusermos, não poderá jamais deixar de aprová-los e dar-lhes o seu assentimento. E isso não como se ela começasse a compreender verdades novas, mas como se reconhecesse verdades que lhe são inatas e familiares[60].

---

60. Inspirando-nos em E. Bettoni, eis breve explicação destas afirmações gnoseológicas de São Boaventura, às quais, aliás, já aludimos (cf. supra, nota 47): na gnoseologia de São Boaventura, o fato de conhecermos as coisas não apenas como são, mas como devem ser, significa que nossa mente as conhece mesmo nas suas *rationes aeternae* ou normas eternas. No entanto, a *ratio aeterna* só assiste eficazmente todo passo de nosso conhecimento como uma norma superior e como uma força que impulsiona de conhecimento para conhecimento até à unificação suprema de toda realidade. Ora, este influxo regulador e motor se concretiza com a impressão em nós de certo conhecimento de Deus, por meio de uma similitude ou *species Dei* – adequada à nossa capacidade atual – que nos habilita para o conhecermos e, ao mesmo tempo, conhecermos todas as outras realidades. Mas, se Deus, conhecendo sua essência, conhece nela todas as coisas, nós – incapazes de termos uma intuição de Deus e, portanto, de conhecermos tudo nele – deveremos, ao invés, voltar-nos à experiência e ao raciocínio para adquirir nosso conhecimento das coisas. Todo passo, porém, de nosso conhecimento será feito em virtude dessa ideia de Deus impressa em nós, a qual é a luz e a regra do nosso conhecimento. É precisamente desta ideia do Ser supremo que brotam os conceitos de unidade, bondade e verdade e, por isso mesmo, os primeiros princípios teóricos e práticos. Portanto, Deus, para São Boaventura, não é só ponto de chegada, mas também de partida. Isso, porém, não significa que possuamos uma ideia lúcida e completa de Deus, mas só os elementos para elaborá-la – e estes, ainda, não tematizados. Para ele "inato" – sempre de acordo com E. Bettoni – significa apenas isto: uma determinada ideia não é tirada por abstração a partir das realidades sensíveis, mas se forma somente e por ocasião da experiência. Imprimindo na nossa alma sua imagem ou ideia inata, fá-la existir como intelecto, deixando-a, porém, indeterminada, não tematizada, com respeito a todas as ideias de coisas determinadas. Embora não nos forneça a posse de nenhum conhecimento determinado, torna-nos, contudo, capazes de conhecermos tudo, assistindo, promovendo e regulando cada passo para a Verdade. A experiência é, pois, autêntica e

Para nos convencermos, basta propormos a alguém este princípio: "Qualquer coisa ou é afirmada ou é negada"[61]. Ou ainda este outro: "O todo é maior que sua parte"[62]. Ou qualquer outro princípio que a razão admita sem poder contradizê-lo.

Retendo atualmente todas as coisas temporais – passadas, presentes e futuras – a memória nos oferece a imagem da eternidade, cujo presente indivisível estende-se a todos os tempos. – Retendo as coisas simples, mostra que estas ideias não lhe vêm somente das imagens exteriores, mas também de um princípio superior e que ela tem em si mesmo noções que não podem derivar dos sentidos ou das imagens sensíveis[63]. – Retendo os princípios e os axiomas das ciências faz-nos ver que a memória traz em si mesma uma luz imutável, sempre presente, na qual conserva a lembrança das verdades que nunca mudam. – As atividades da memória provam, portanto, que a alma é a imagem e semelhança de Deus. Pela sua memória a alma está de tal modo presente a si mesma e Deus lhe está igualmente tão presente, que em ato o conhece e é potencialmente "capaz dele e de ser dele participante"[64].

3. A atividade da inteligência consiste em compreender os termos, as proposições e as conclusões. – Em

---

própria fonte de conhecimento para as realidades sensíveis. Quanto às substâncias espirituais e Deus e aos primeiros princípios é só ocasião para nossa mente passar de um conhecimento implícito para um explícito (cf. E. Bettoni. Op. cit., p. 126-136; nele se baseia literalmente esta nota. Cf. tb. É. Gilson. Op. cit., p. 304-324).

61. Aristóteles. III *Metafísica,* c. 7, 1.011b 20.

62. Aristóteles. I *Analytica posteriora,* c. 7, 75a 42; c. 10, 76b 14.

63. Cf. Boaventura. II *Sent.* d. 39, a. 1, q. 2, in fine (II, 904); IV *Sent.* d. 49, p. 1, q 4, ad 1-3 (IV, 1004).

64. Agostinho. XIV *De Trinitate,* c. 8, n. 11 (PL 42, 1.044).

primeiro lugar, a inteligência entende o significado de um termo quando, por meio de uma definição, compreende o que esta coisa é. Toda definição, porém, faz-se por meio de termos gerais, os quais, por sua vez, definem-se por meios mais gerais, até chegarmos às noções supremas e totalmente gerais, sem cujo conhecimento não podemos dar a definição de um termo inferior. Se, pois, ignoramos o que é o ser em si, é impossível definir perfeitamente uma substância específica[65]. E para conhecer bem o ser em si, é preciso conhecer suas propriedades, isto é, a unidade, a verdade e a bondade. Ora, o ser pode conceber-se como completo ou incompleto, como perfeito ou imperfeito, como ser em potência ou em ato, como ser sob um certo aspecto ou como ser absoluto. Ou como ser parcial ou total, como ser passageiro ou permanente, como ser condicionado ou incondicionado, como ser misturado de não ser ou como ser puro, como ser dependente ou absoluto, como ser posterior ou anterior, como ser variável ou imutável, como ser simples ou composto.

"Aquilo que é negativo e defeituoso não pode ser conhecido se não por meio do que é positivo"[66]. Por isso nossa inteligência nunca poderá definir adequadamente um ser criado, se antes não tiver a ideia de um ser puríssimo, atualíssimo, completíssimo e absoluto. Este é o ser por essência e eterno, no qual se acham na sua pureza as razões de todas as criaturas. Como, efetivamente, nossa inteligência poderia saber que um ser é defeituoso e incompleto se não tivesse a ideia de um ser absolutamente perfeito? E o mesmo se diga das outras condições do ser.

---

65. Análise mais detalhada se encontra em *Myst. Tr.* q. 1 (V, 46s.).

66. A afirmação é tomada de Averróis (III *De anima*, c. 6, t. 25 [ed. Crawford, p. 462]), que por sua vez refere-se a Aristóteles (III *De anima*, c. 6, 430b 24).

Em segundo lugar, a nossa inteligência compreende realmente uma proposição, quando sabe com certeza que ela é verdadeira. E saber isso é saber verdadeiramente, porque se tem certeza de não se enganar. Com efeito, a inteligência sabe que uma proposição é verdadeira quando não pode ser de outra maneira e que, por conseguinte, é uma verdade imutável. Mas, como o nosso espírito está sujeito à mutação, não poderia ver a verdade de maneira imutável sem o socorro de uma luz invariável – a qual não pode ser uma criatura mutável. Se ele conhece a verdade, conhece-a, pois, naquela luz que "ilumina todo o homem que vem a este mundo", a qual é "a verdadeira luz" e "o Verbo que no princípio estava em Deus" [Jo 1,1.9].

A inteligência, finalmente, só então percebe verdadeiramente o significado de uma conclusão quando vê que esta conclusão segue necessariamente das premissas. E vê isso não só nas verdades necessárias, mas também nas contingentes, como neste exemplo: "O homem corre. Logo, se move". Esta relação necessária entre as premissas e a inferência é percebida por nossa inteligência não apenas nos seres reais, mas também nos possíveis. É sempre verdadeira, por exemplo, a conclusão: "O homem corre. Logo, se move", quer o homem exista, quer não exista. A necessidade de uma conclusão não deriva, por conseguinte, da existência material da coisa – porque ela é contingente –, nem da sua existência na nossa alma – porque, se não existisse na realidade, seria apenas uma ficção. Tal necessidade deriva, pois, dos arquétipos na arte divina, de acordo com os quais as coisas possuem aptidão e relações mútuas, segundo as representações daquela arte eterna.

Todo espírito, pois, que raciocina – diz Santo Agostinho no seu tratado *Sobre a verdadeira religião*[67] – toma luz daquela Verdade eterna e é a ela que se esforça por chegar. – A conclusão evidente do que se disse é que nossa inteligência está unida à Verdade eterna, porque sem o socorro de sua luz nada podemos conhecer com certeza. Tu, então, podes contemplar por ti mesmo esta Verdade que te ensina, se as paixões e as imagens terrestres não to impedirem, interpondo-se como uma nuvem entre ti e o raio da verdade.

4. A atividade de vontade se funda na deliberação, no juízo e no desejo. – A deliberação consiste em procurar ver se é melhor esta ou aquela coisa. Ora, o melhor não pode ser assim chamado se não se aproximar do ótimo. E esta aproximação é tanto maior ou menor quanto mais ou menos perfeita for a semelhança[68]. Portanto, para saber se uma coisa é melhor que a outra, é necessário conhecer seu grau de semelhança com o Bem Supremo. Mas é impossível conhecer este grau de semelhança, se o Bem Supremo for desconhecido. Eu não posso saber se determinado indivíduo se parece com Pedro se não conhecer a Pedro. Aquele, pois, que delibera tem necessariamente impresso no seu espírito o conhecimento do Sumo Bem[69].

Para que seja o juízo emitido sobre as coisas que são objeto da deliberação é preciso uma lei. Ora, esta lei não produz a certeza, a não ser quando estamos seguros de sua retidão e de que ela está acima de todo o nosso juízo. Nossa mente, porém, emite juízos sobre si mesma. Não podendo, pois, emitir juízo sobre a lei que serve de regra aos seus juízos, segue-se disso que esta lei é superior

---

67. Agostinho. *De vera religione*, c. 39, n. 72 (PL 34, 154).

68. Aristóteles. III *Metaphysica*, c. 4; 1.008b 35-1.009a 5.

69. Agostinho. VIII *De Trinitate*, c. 3, n. 4 (PL 42, 949s.).

à nossa mente e que nós julgamos unicamente pela sua presença em nós mesmos. Mas nada é superior à nossa mente senão aquele que a formou. Por conseguinte, nossa faculdade deliberativa chega a atingir as leis divinas se de seu ato faz uma análise completa.

Por fim, o desejo tem por objeto principal aquilo que mais nos atrai. Ora, o que mais nos atrai é aquilo que mais amamos. E o principal objeto do amor é a felicidade. Mas a felicidade não se encontra senão no Sumo Bem e nosso fim último. Assim, em todos os seus desejos, o homem tende para o soberano Bem ou para aquilo que até Ele conduz. Ou mesmo para o que possui alguma semelhança com o Sumo Bem. Tanta é a atração do Sumo Bem, que a criatura nada pode amar sem desejá-lo. Só se engana e cai no erro quando toma a imagem e uma vã imaginação pela realidade[70].

Vê, pois, como a alma está próxima de Deus. Vê como a memória nos conduz à eternidade, a inteligência à verdade, a vontade à sua bondade soberana, de acordo com as suas respectivas operações[71].

---

70. Boécio. III *De consolatione philosophiae*, por todo o livro (PL 63, 719-786). Cf. Agostinho. II *De libero arbítrio*, c. 9, n. 26 (PL 32, 1.254).

71. Todas estas considerações de Boaventura sobre o entender e o querer humanos – explica E. Bettoni – "germinam, por assim dizer, mais que da experiência, da nossa mente em contato com a experiência". Aquele certo conhecimento inato que de Deus tem a mente (inato não no sentido de possuí-lo já tematizado, mas no sentido de não ser tirado da experiência, embora sua elaboração e determinação dependam dela, como anotamos acima), ao mesmo tempo que desdobra e explica a sua vida espiritual, assiste ou "ilumina" todo ato intelectivo. "Quando eu afirmo das coisas que entram a fazer parte da minha experiência que são contingentes, causadas, possíveis, mutáveis, em potência, quando, em suma, descubro os seus limites, a sua finitude e a sua imperfeição, faço isso porque as considero de um ponto de vista superior e julgo que elas carecem de muitas perfeições possíveis. Ora – observa São Boaventura –, como nossa inteligência po-

5. A ordem, a origem e a mútua relação destas três faculdades nos conduzem até à própria Santíssima Trindade. – Efetivamente, da memória nasce a inteligência, que é como sua filha, porque entendemos só quando a imagem do objeto conservado pela memória se reflete na inteligência. Esta imagem torna-se então verbo. Da memória e da inteligência é espirado o amor como nexo que unifica as duas.

Estas três coisas – a mente que gera, o verbo e o amor – existem na alma como memória, inteligência e vontade, as quais são consubstanciais, coexistentes, coiguais e se compenetram mutuamente[72]. Se, portanto, Deus é per-

---

deria saber que um ser é defeituoso e incompleto se não tivesse a ideia de um ser absolutamente perfeito? Os aspectos metafísicos que eu vou descobrindo nas coisas proclamam a existência de Deus, no sentido de me fazerem perceber que Ele está presente à minha mente, e enquanto determinam aquela ideia confusa e indeterminada, que guia todo o passo do meu intelecto. Mais que me demonstrarem a existência de Deus, portanto, descobrem-me as perfeições dele e explicitam uma certeza que tenho já em mim, enriquecem a minha experiência inicial de Deus" (E. Bettoni. Op. cit., p. 53-54. Cf. exposição mais detalhada em É. Gilson. Op. cit., p. 101-118 e 274-324).

72. Agostinho (X *De Trinitate*, c. 11, n. 17s.; PL 42, 982s.), seguido por Boaventura (I *Sent*. d. 19, p. 1, q. 4; I, 347ss.), aprofunda-se na comparação entre as faculdades humanas e a Trindade divina. As palavras "se compenetram mutuamente" foram aqui usadas para traduzir o latim *circumincedentes*. *Circumincessio* é a palavra latina para traduzir a grega *perichoresis*, muito utilizada pelos Padres Gregos, mas que recebeu seu cunho definitivo somente por meio de João Damasceno. No mundo latino, alguns, como Pedro Lombardo e Tomás de Aquino, a evitaram; a maioria, principalmente os franciscanos, a assumiu. Esta noção é utilizada na cristologia, mas principalmente no Tratado sobre a Trindade. Boaventura olha para as Pessoas da Trindade de modo concreto, isto é, em sua vida intratrinitária, que é sempre a mesma desde toda a eternidade. Pela geração há uma comunicação eterna e perfeita que o Pai faz, desde sempre, de sua natureza ao Filho, e, pela espiração, que o Pai e o Filho fazem de sua natureza ao Espírito Santo. Enquanto em Deus há uma só natureza, tudo o que é dito

feito espírito, tem então uma memória, uma inteligência e uma vontade[73], as quais necessariamente se distinguem porque uma procede da outra. Distinguem-se, porém, não essencial nem acidentalmente, mas pessoalmente.

Por isso, quando nossa alma se considera a si mesma, eleva-se, destarte, como por meio de um espelho, à contemplação da Santíssima Trindade: o Pai, o Verbo e o Amor – três pessoas coeternas, coiguais e consubstanciais,

---

dela é comum a todas as pessoas – uma pessoa está na outra –, ficando as distinções circunscritas ao que é dito de cada pessoa, não da natureza ou essência (cf. L. Mathieux. *Circumincessio*. In: *Lexique Saint Bonaventure*, p. 33-34). V.M. Breton (op. cit., p. 154-155) resume a noção com estas palavras: "Dá-se tal nome à coexistência e coabitação mútua e recíproca das três pessoas. São elas inseparavelmente unidas, com tão íntima união, que o Pai está no Filho e no Espírito Santo, o Filho no Pai e no Espírito, o Espírito no Pai e no Filho". No c. 6.2 da presente obra Boaventura desenvolve mais longamente este tema.

73. "O Pai é Deus enquanto se pensa a si mesmo e exprime neste ato de pensamento a sua ideia, ou profere seu Verbo; o Filho é a ideia expressa pela atividade da inteligência divina, o Verbo interiormente proferido". Ora, "Deus, enquanto amando-se e produzindo o seu ato de amor, é o Pai e o Filho, infinitamente unidos na unidade de um mesmo e só princípio; o termo produzido, o amor procedente do Pai e do Filho é o Espírito Santo" (V.M. Breton. *A Santíssima Trindade*. Petrópolis: Vozes, 1954, p. 102s.). A isso chamam os teólogos "processões imanentes", explicando ser a geração do Filho "necessária" e por via de inteligência – e a espiração do Espírito Santo "livre" e por via de vontade. Tal explicação, porém, da vida intratrinitária não deve levar-nos a introduzir em Deus nossos modos de exprimir – o que seria reduzi-lo a categorias coisais. "Quando dizemos ser Deus absolutamente necessário, quer em seu ser, quer em seu ato – uno na natureza e trino nas Pessoas – não se deve entender como se fora necessidade de algum modo. Tudo em Deus permanece infinitamente livre, consciente, voluntário, substancial, eterno." As categorias criaturais, como liberdade e necessidade, transpostas a Deus não podem ter o sentido estrito e contingente, tal qual se realizam no criado. "As expressões dos teólogos, empregadas para designar as duas processões imanentes, significam tão somente que Deus, que não pode deixar de se conhecer e de se amar, se conhece espontaneamente e se ama deliberadamente em razão da absoluta cognoscibilidade e amabilidade de sua natureza" (ibid., p. 148s.).

existentes uma na outra sem se confundirem e, no entanto, todas as três não são senão um só Deus.

6. Nesta contemplação da Santíssima Trindade a alma, mediante as suas três faculdades que a tornam imagem de Deus, é ajudada pelas luzes das ciências, que a aperfeiçoam, a informam e representam a Santíssima Trindade de três maneiras. Toda filosofia, com efeito, é natural, racional ou moral[74].

A primeira trata da causa do ser – e nos conduz ao poder do Pai; a segunda, da razão do inteligir – e nos leva à sabedoria do Verbo; a terceira, da ordem de viver – e nos conduz à bondade do Espírito Santo[75].

A Filosofia natural, por sua vez, divide-se em metafísica, matemática e física. A metafísica ocupa-se da essência das coisas; a matemática, dos números e das figuras; a física, das substâncias, forças e energias. Destarte a primeira nos conduz ao primeiro Princípio – o Pai; a segunda, à sua Imagem – o Filho; a terceira, ao Dom[76] do Pai e do Filho – o Espírito Santo.

A Filosofia racional, ao invés, divide-se em gramática – que nos torna capazes de transmitir ideias; lógica – que nos torna perspicazes para a argumentação; e retórica – que nos ensina a persuadir e a comover. Estas três ramificações da Filosofia racional também insinuam o mistério da Santíssima Trindade.

---

74. Sobre a divisão das ciências em São Boaventura, cf. *De reductione artium ad Theologiam*, V, 320-321. *Boaventura de Bagnoregio*, p. 351-358.

75. Cf. nota 33, supra.

76. Dá-se o nome de Dom ao Espírito Santo, porque "como o Filho é a manifestação de Deus em Deus e nos homens, o Espírito é o Dom de Deus em Deus e nos homens, pois o Espírito nos é dado e por ele se derrama o amor de Deus em nossos corações [Rm 5,5]" (V.M. Breton. Op. cit., p. 162).

A Filosofia moral, finalmente, divide-se em individual, familiar e política. A primeira insinua a inascibilidade do primeiro Princípio – o Pai; – a segunda, a relação familiar do Filho; a terceira, a liberalidade do Espírito Santo[77].

7. Todas estas ciências possuem seus princípios certos e infalíveis, como luzes e raios que descem da lei eterna à nossa alma. Assim, ela, iluminada e penetrada de tanto esplendor, pode por si mesma – se não for cega – elevar-se à contemplação da luz eterna. A irradiação e a consideração desta luz enchem de admiração aos sábios. Mas, pelo contrário, confundem os insensatos que rejeitam a fé, sem a qual nada podem compreender. Verifica-se, destarte, a palavra do profeta [Sl 75,5s.]: "Do alto dos montes eternos, Tu, ó Deus, enviaste uma luz admirável e a perturbação se apoderou do coração dos insensatos".

---

77. É claro – e Boaventura não ignora isso (cf. c. 6, n 3) – que estas reflexões são apenas esclarecimentos analógicos do mistério impenetrável da Trindade. A existência de três Pessoas só pode ser conhecida por revelação. E, mesmo após a revelação, a razão "natural" não tem capacidade para penetrar no mistério indizível da Trindade. Mas, de acordo com o ensinamento da Igreja, os teólogos concedem que a fé tem pelo menos "o poder de apreender e de apresentar exatamente o verdadeiro sentido do dogma. Ela pode, além disso, mediante analogias tiradas das coisas criadas, notadamente pela comparação das processões divinas como autoconhecimento e o amor de si mesmo [...], ilustrar o mistério e conseguir alguma compreensão dele" (L. Ott. *Précis de Théologie dogmatique*. Mulhouse, 1955, p. 115).

IV
A contemplação de Deus na sua imagem: a alma renovada pelos dons da graça

1. Podemos contemplar o primeiro Princípio não só passando pela nossa alma, mas também em nossa alma. Esta maneira de contemplar, sendo superior à precedente, formará o quarto degrau de nossa elevação a Deus. Parece estranho que, estando Deus tão próximo de nossas almas – como acabamos de demonstrar no capítulo anterior – poucos sejam os homens que contemplam em si mesmos o primeiro Princípio. A razão, porém, é fácil de se compreender. A alma humana, distraída pelas preocupações da vida, não entra em si mesma pela memória. Obscurecida pelos fantasmas da imaginação, não se recolhe em si mesma por meio da inteligência. Seduzida pelas paixões, não volta mais a si mesma pelo desejo da doçura interior e da alegria espiritual. Assim, toda imersa nas coisas sensíveis, torna-se impotente para encontrar em si mesma a imagem de Deus.

2. Ora, quando alguém cai, seguramente há de lá permanecer, caso outrem não lhe der a mão e não "o ajude a se levantar" [Is 24,20]. Assim a nossa alma, caída nas coisas sensíveis, não teria podido reerguer-se perfeitamente para contemplar-se a si mesma e admirar em si mesma a Verdade eterna, se a própria Verdade, tomando forma humana em Cristo, não se houvesse tornado a escada que repara a antiga escada quebrada pelo pecado de Adão.

Por isso ninguém, por mais iluminado que esteja pelas luzes da razão e pelo estudo das ciências, pode entrar em si mesmo para "deleitar-se no Senhor" [Sl 36,40] se não for por meio de Jesus Cristo, que disse [Jo 10,9]: "Eu sou a porta. Se alguém por mim entrar, salvar-se-á. Entrará, sairá e encontrará pastagem". Mas não podemos nos aproximar desta porta sem crer nele, sem esperar nele e sem o amar. Se, portanto, queremos entrar na fruição da Verdade como num outro paraíso, é preciso que ingressemos pela fé, pela esperança e pela caridade de "Jesus Cristo, mediador entre Deus e os homens", o qual é como a árvore da vida plantada no meio do paraíso.

3. Deve, pois, a imagem de nossa mente ser revestida das três virtudes teologais que a purificam, iluminam e aperfeiçoam[78]. É por meio destas virtudes que a imagem divina se reforma, se restaura e se torna conforme à Jerusalém celeste e membro da Igreja militante – que é filha da Jerusalém celeste, segundo a palavra do Apóstolo [Gl 4,26]: "A Jerusalém do alto é livre. É ela que é nossa mãe". A alma deve, pois, antes de tudo, crer em Cristo, esperar nele e amá-lo. Ele é o Verbo encarnado, incriado e inspirado[79],

---

78. A mística cristã, inspirada em Dionísio (*De caelesti Hierarchia*, c. 3, §§ 3; PG 3, 167s.), diz que o caminho para a perfeição é gradual, tendo três etapas, classificadas como: via purgativa (que se volta para a paz, graças à purificação dos pecados), via iluminativa (que apela para a capacidade intelectual) e via perfectiva (ou unitiva, que leva a vontade a se unir a Deus). Cada uma dessas vias possui, segundo Boaventura, sete degraus. Onde melhor Boaventura explica esse assunto é numa obra, cujo próprio título já é significativo: *De triplici via* (VIII, 3-27. "Os três caminhos da vida espiritual". *São Boaventura* – Obras escolhidas. Porto Alegre, 1983, p. 233-256).

79. "O Verbo 'inspirado' é o Verbo que ilumina nosso espírito e inflama nosso coração pelas luzes da razão, da fé, das Sagradas Escrituras, das revelações da contemplação. 'Inspirado' vem da palavra *spirare*, porque o Verbo sopra luz e amor em nosso espírito e em nosso coração" (Ch. de Bordeaux. Op. cit., p. 193). Nesse início de capítulo percebe-se muito bem o cristocentrismo do pensamento boaventuriano tanto na relação do indivíduo com Deus como na visão de uma Teologia/Filosofia da História. Diz ele que Cristo, enquanto Verbo incriado, situa-se na origem da criação e, enquanto Verbo encarnado, é o consumador da salvação (cf. o sermão *Christus unus omnium magister*, n. 13-14; V, 570s., *Boaventura de Bagnoregio*, p. 378s.). Seu pensamento a respeito se resume numa frase lapidar: "Cristo se encontra no meio de todas as coisas" (*Christus* [...] *tenens medium in omnibus* [*Hexaëm*. Coll. 1, n.

isto é, "o caminho, a verdade e a vida" [Jo 14,16]. Crendo nele, pela fé, como no Verbo incriado, "Verbo e esplendor do Pai"[80], a alma recupera o ouvido e a vista espirituais: o ouvido para escutar os ensinamentos de Cristo e a vista para considerar os esplendores de sua luz. Suspirado pela esperança de acolher o Verbo inspirado, o desejo e o amor fazem-lhe adquirir o olfato espiritual. Abraçando pela caridade ao Verbo encarnado – que a enche de delícias e para o qual passa pelo amor extático – recobra o gosto e o tato espirituais. Depois de ter recuperado estes sentidos[81], a alma vê, escuta, respira, degusta e abraça o seu esposo. Ela pode então cantar como a esposa do livro do Cântico dos Cânticos, composto precisamente para o exercício da contemplação deste quarto degrau – que "ninguém compreende senão quem o recebe" [Ap 2,17], porque a experiência do afeto faz conhecer melhor do que as considerações da ra-

---

10; V, 330]). Cf. L.A. De Boni. In: *Boaventura de Bagnoregio*, Introd., p. 34-38.

80. Cf. Jo 1,1; Hb 1,3.

81. "A estrutura sobrenatural da graça confere à alma humana algo semelhante a novos poderes para a compreensão da experiência imediata. Mediante a atividade dos mesmos, a animação interior do Espírito Santo é aperfeiçoada numa compreensão amante de Deus e numa dedicação a ele. Estes poderes são os *sensus spirituales*, análogos aos cinco sentidos externos, dos quais falam São Boaventura e os místicos. Por meio deles a mente humana, de maneira correspondente à sua nova vida, torna-se imediatamente presente à atividade vivificadora da graça divina, pois a alma, de modo análogo às experiências dos sentidos externos, agora vê, ouve, cheira, degusta e apalpa. Assim, mediante a estrutura sobrenatural da graça, o mais elevado gozo espiritual que é possível no presente estado de peregrinação atinge sua perfeição através de uma experiência imediata e espiritual semelhante à experiência dos sentidos" (Ph. Boehner. Op. cit., p. 125, nota 2). Boehner sublinha, ainda, que a expressão "sentidos espirituais" tem, estritamente, esse último significado – experiências espirituais – porque "não são novos hábitos da graça, mas só a perfeita ativação dos hábitos infusos da graça já presente". Além disso, como se vê pela exposição, "o objeto dos sentidos espirituais é o Cristo da trilogia boaventuriana: o Verbo incriado, o Verbo inspirado, o Verbo encarnado" (E. Longpré. *Dictionnaire de Spiritualité*, col. 1833).

zão. Efetivamente, neste degrau é que a alma restaura seus sentidos interiores para receber a suprema beleza, para escutar a suprema harmonia, para respirar a suprema fragrância, para degustar a suprema doçura e para possuir esta beleza soberanamente deliciosa. Está então preparada para os arrebatamentos do êxtase pela devoção, pela admiração e pela exultação, segundo três exclamações do Cântico dos Cânticos[82]. A primeira destas exclamações prorrompe na superabundância da devoção, a qual torna a alma "como uma coluna de fumo que exala perfume de mirra e de incenso". A segunda nasce da grandeza da admiração, pela qual a alma se torna como "a aurora, a lua e o sol", segundo o grau das iluminações que a arrebatam à admiração do esposo, a quem contempla. A terceira prorrompe pela exuberância do júbilo que inebria a alma – "apoiada sobre seu amado – do mais suave deleite".

4. O nosso espírito se torna então hierárquico[83] nas suas elevações, em conformidade à Jerusalém celeste, na

---

82. Ct 3,6; 6,9; 8,5.

83. "Hierarquia", "hierárquico", palavras provenientes de Dionísio, foram usadas ao longo da Idade Média, com sentido diferente daquele que hoje lhes atribuímos. Boaventura, considerando-a em toda sua amplidão, tanto na relação entre as pessoas divinas como na ordenação nos anjos e na Igreja, e valendo-se de Guilherme de Auxerre (*Summa aurea*, II, t. 3, q. 1. Paris, 1500, fol. 42), que se inspirara em Dionísio, a define assim: "Hierarquia é o poder ordenado das coisas sagradas e racionais, mantendo o devido domínio com relação a seus súditos" (II *Sent.* d. 9, a. 1, q. 1. Praenotata de nominibus angelorum; II, 238). Essa definição está por trás da aplicação que ele faz quando trata do poder das chaves, dos ministérios eclesiásticos, dos degraus do Sacramento da Ordem, da sublimidade das Escrituras e, voltando-se para o sentido espiritual, da ordenação da alma para Deus (cf. J.-G. Bougerol. *Hierarchie*. In: *Lexique Saint Bonaventure*, p. 80-81). Neste último sentido, que é aquele que o interessa na presente obra, ele, continuando nas pegadas de Dionísio, diz: "Hierarquia é ordem sagrada, ciência e ação que leva, na medida do possível, à semelhança de Deus, e tendo recebido divinamente os ensinamentos, é elevada, na devida proporção, à imitação de Deus" (Boaventura, op. cit. II, 237. Dionísio. *De caelesti Hierarchia*, c. 3 § 1; PG 3, 163-164).

qual ninguém pode entrar se ela própria não desceu primeiro ao coração pela graça – segundo a viu descer São João no seu Apocalipse [21,2]. Ora, ela desce no nosso coração, quando, pela restauração da imagem de Deus nele com a ajuda das virtudes teologais, pelas deleitações dos sentidos espirituais e pelos arrebatamentos extáticos, nosso espírito se torna hierárquico – isto é, purificado, iluminado e perfeito. – Assim nosso espírito fica também adornado de nove degraus – correspondentes gradativamente aos nove coros angélicos – ao tornar-se ordenado e interiormente disposto para o anúncio, o ditado e a direção, para a boa ordem, o vigor e o império sobre si mesmo, para o acolhimento, a revelação e a união. Os três primeiros destes degraus consideram na alma humana a natureza, os três seguintes a atividade, os três últimos a graça divina[84]. Enriquecida destes dons, a alma, entrando

---

84. Para preparar a alma à união definitiva com Deus, São Boaventura – influenciado, mais uma vez, pela mística do Pseudo-Dionísio Areopagita (*De ecclesiastica Hierarchia*, c. 4, § 10s.; PG 3, 495) – faz intervir uma tríplice hierarquização, que assimila analogicamente a alma aos nove coros angélicos. Estas hierarquias interiores – obra da graça e das virtudes teologais – dispõem a alma de três modos, segundo a façam "elevar-se" a Deus (*secundum ascensum*), "receber" as iluminações vindas do alto (*secundum descensum*) e "retornar" a Deus partindo do criado (*secundum regressum*). A primeira hierarquia interior – dela aqui se trata – está constituída de nove atos: três dependem da atividade ou esforço próprio (indústria) e da natureza; três, da indústria e da graça; três da graça que age além das forças da natureza da indústria (cf. E. Longpré. *Dictionnaire de Spiritualité*, col. 1816). "Os três primeiros atos são o anúncio (*nuntiatio*), o ditado (*dictatio*) ou a deliberação (*deliberatio*), e a direção (*ductio*); a *nuntiatio* opera um discernimento entre os objetos que se oferecem aos sentidos, a *dictatio* delibera sobre sua liceidade, a *ductio* decide o que é mister fazer. Por meio destes atos a alma é assimilada às ordens dos Anjos, dòs Arcanjos e dos Principados. Os três atos que seguem derivam da indústria e da graça: são a boa ordem (*ordinatio*), o vigor (*roboratio*) e o domínio sobre si mesmo (*imperatio*). O primeiro ordena em direção a Deus, como a seu fim último, o que foi deliberado e descarta o que não tende à meta; por ser difícil afastar o que é desordenado, intervém

em si mesma, penetra na Jerusalém celeste, onde, ao considerar os coros dos anjos, vê que Deus reside neles e opera em todas as suas obras. Por isso São Bernardo, escrevendo ao Papa Eugênio[85], diz que "Deus nos serafins ama como caridade, nos querubins conhece como verdade, nos tronos reside como justiça, nas denominações reina como majestade, nos principados governa como princípio, nas potestades defende como salvação, nas virtudes age como força, nos arcanjos releva-se como luz e nos anjos assiste como bondade". Nós vemos assim que "Deus é tudo em todas as coisas" [1Cr 15,26], quando o contemplamos em nossas almas, nas quais habita pelo dom de sua superabundante caridade.

5. No degrau precedente a alma era ajudada pela Filosofia. Neste degrau, ao invés, ela é especial e preferencialmente ajudada pela Sagrada Escritura divinamente inspirada. A Sagrada Escritura tem por objeto principal as obras da salvação. Eis por que ela nos fala frequentemente da fé, da esperança e da caridade – virtudes que transformam nossa alma. Fala-nos, porém, mais particularmente da caridade, que é – segundo o Apóstolo [1Tm 1,5] – "o fim dos preceitos e a plenitude da lei enquanto vier de um coração puro, de uma consciência reta e de uma fé sincera". E o próprio Salvador nosso diz que a lei e os profetas se resumem no duplo preceito do amor de Deus e do amor do

---

a força ou a *roboratio* ou o comando, para facilitar o primeiro e o segundo atos. Esta hierarquia interior corresponde aos coros das Potestades, das Virtudes e das Dominações. Os três últimos atos dependem da atividade dominadora da graça: são o acolhimento (*susceptio*), a revelação (*revelatio*), a união (*unitio*). Pela *susceptio*, a alma recebe as iluminações divinas; pela *revelatio*, conhece os segredos de Deus; na *unitio* é elevada ao êxtase. Estes degraus da hierarquia interior correspondem aos Tronos, aos Querubins e aos Serafins" (E. Longpré. *Dictionnaire de Spiritualité*, col. 1816-1817).

85. Bernardo. V *De consideratione* c. 5, n. 12 (PL 182, 795).

próximo [Mt 22,40]. Ora, este duplo preceito encontra sua concretização no amor de Jesus Cristo, o esposo da Igreja. Ele é, com efeito, ao mesmo tempo, nosso Deus e nosso próximo, nosso irmão e nosso Senhor, nosso rei e nosso amigo, o Verbo encarnado e o Verbo incriado, nosso criador e nosso redentor, nosso "Alfa e Ômega" [Ap 1,8]. Ele é também o sumo hierarca que purifica, ilumina e aperfeiçoa a sua esposa – isto é, toda Igreja e toda alma santa.

6. É deste hierarca e da hierarquia da Igreja que fala toda a Sagrada Escritura[86]. É também a Sagrada Escritura quem nos ensina a via da purificação, da iluminação e da perfeição. E isto se realiza segundo a tríplice lei que ela nos comunica: a lei da natureza, a lei escrita e a lei da graça. Ou, antes, segundo as três partes principais da mesma: a lei de Moisés que purifica, a revelação profética que revela, e a doutrina evangélica que aperfeiçoa. Ou, melhor ainda, segundo seus três sentidos espirituais: o sentido moral, o qual nos purifica, ensinando-nos a viver honesta-

---

86. Esse parágrafo é nitidamente transpassado pela visão cristocêntrica de Boaventura que, em outro texto, diz a respeito: "[...] As coisas têm existência na matéria, têm existência na alma pelo conhecimento adquirido e têm nela existência pela graça, têm nela existência pela glória e têm existência na mente divina. Assim, pois, a Filosofia trata das coisas como existem na natureza, ou na alma, segundo o conhecimento dado naturalmente ou adquirido; mas a Teologia, enquanto ciência fundada sobre a fé revelada pelo Espírito Santo, trata das coisas que se referem à graça, à glória e à sabedoria eterna. Por isso, submetendo a seu serviço o conhecimento filosófico, e assumindo da natureza das coisas quanto lhe é necessário para construir um espelho, no qual se representem as coisas divinas – construiu como que uma escada, cuja extremidade inferior toca a terra, e cuja superior alcança o céu (Gn 28,12). Isso tudo é obtido por aquele único hierarca, Jesus Cristo, que é hierarca não só na hierarquia eclesiástica, pela natureza humana assumida, mas também na angélica e – como pessoa intermediária – na hierarquia da Trindade Santíssima, de tal modo que, por Ele, desce de Deus, cabeça suprema, a graça da unção" (*Brevil.* Prol, § 3; V, 204-205. • *Boaventura de Bagnoregio*, p. 73-74).

mente; o sentido alegórico, que nos ilumina, esclarecendo nossa inteligência; e o sentido analógico, que aperfeiçoa nossa alma, impulsionando-a para sair de si mesma e para degustar as suaves delícias da sabedoria divina. Ora, é com a ajuda das três virtudes teologais, é com os sentidos espirituais assim reformados, é mediante seus três arrebatamentos já explicados e é com esses atos hierárquicos que a nossa alma entra de novo em si mesma, para ali contemplar a Deus "nos esplendores dos santos" [Sl 109,3] e neles, como num leito, "dormir em paz e repousar" [Sl 4,9] enquanto o esposo conjura para não a despertarem até que ela queira acordar por própria vontade [Ct 2,7].

7. Estes dois degraus intermédios, mediante os quais entramos em nós para contemplarmos a Deus em nossa alma como nos espelhos das imagens criadas, são como as duas asas do serafim, as quais, ocupando o lugar do meio, ele estendia para voar [Is 6,2]. Os mesmos degraus fazem-nos compreender que as potências naturais de nossa alma, consideradas nas suas operações, nas suas mútuas relações e na posse de ciências, conduzem-nos pela mão até as realidades divinas. Nós já vimos isto no terceiro degrau. – Elevamo-nos a Deus também por meio das faculdades da alma reformadas pelos dons da graça. Isto se realiza por meio das virtudes gratuitas, dos sentidos espirituais e dos arrebatamentos. Acabamos de ver isso no quarto degrau. – Conduzem-nos ainda a Deus os atos hierárquicos realizados em nós – a purificação, a iluminação e o aperfeiçoamento de nossas almas – e as revelações hierárquicas da Sagrada Escritura – a qual, segundo a palavra do Apóstolo, temos recebido pelos anjos: "A lei nos foi dada pelos anjos por intermédio de um mediador" [Gl 3,19]. Finalmente, as hierarquias e as ordens hierárquicas que se dispõem em nossa alma como na Jerusalém celeste nos levam também pela mão a Deus.

8. Uma vez que encheu nossa alma com todas essas luzes intelectuais, a sabedoria divina habita-a como a casa de Deus. Ela se torna filha de Deus, esposa e amiga; torna-se membro, irmã e co-herdeira de Cristo, sua cabeça. Torna-se, enfim, templo do Espírito Santo – templo fundado pela fé, levantado pela esperança e consagrado a Deus pela santidade da alma e do corpo. Tudo isto é obra da transparentíssima caridade de Jesus Cristo[87], "derramada em nossos corações por virtude do Espírito Santo que nos foi dado" [Rm 5,5], e sem este Espírito não podemos conhecer os mistérios divinos. Porque "ninguém conhece o que está no homem senão o espírito do homem, que nele está. Assim também as coisas de Deus ninguém as conhece senão o Espírito de Deus" [1Cr 2,11]. – Estejamos, pois, enraizados na caridade, a fim de que possamos compreender com todos os santos a largura da eternidade, o comprimento da liberalidade, a altura da majestade e a profundeza da sabedoria discernente de Deus [Ef 3,17].

---

87. E. Longpré afirma que "a doutrina boaventuriana conserva o pleno sentido das palavras de Cristo: Eu sou o caminho, a verdade e a vida. Num elã de amor, estabelece a espiritualidade sobre seu fundamento: Jesus Cristo. Não há etapa em que o Verbo encarnado não apareça como o princípio, o modelo e o fim. A cruz torna-se a árvore da vida e a soma das iluminações divinas". E – como se verá mais adiante – "Cristo crucificado constitui o único ponto de passagem para o êxtase e a contemplação da Trindade" (*Dictionnaire*, col. 1843). Cristo é, segundo confessa, o Alfa e o Ômega no seu itinerário do cosmo para Deus.

V
A contemplação da unidade divina no seu nome principal: o ser

1. Podemos contemplar a Deus não só fora de nós, e dentro de nós, mas também acima de nós. Fora de nós, pelos seus vestígios: dentro de nós, pela sua imagem; acima de nós, pela sua luz "estampada sobre nosso espírito" [Sl 4,7][88]. Esta é a luz da eterna Verdade, pois "o nosso espírito foi imediatamente formado pela própria Verdade"[89]. Aqueles que se exercitaram no primeiro degrau entraram já no adro que se encontra diante do tabernáculo. Aqueles que percorreram o segundo avançaram já até o Santo. Aqueles que passaram pelo terceiro degrau penetraram já, com o sumo pontífice, no Santo dos Santos, onde dois querubins da glória, colocados sobre a arca, cobrem com suas asas o propiciatório. Estes dois querubins representam os dois modos ou degraus pelos quais nos elevamos às perfeições invisíveis e eternas de Deus; o primeiro refere-se aos atributos essenciais de Deus, o segundo, aos atributos próprios de cada pessoa.

2. O primeiro modo fixa o nosso olhar primeira e principalmente sobre o Ser mesmo, declarando que o primeiro nome de Deus é "Aquele que É" [Ex 3,14]. No segundo

---

88. E. Bettoni (*San Bonaventura*, p. 57) considera este capítulo do Itinerário, pela sua sobriedade e poder dialético, um dos exemplos mais admiráveis em que São Boaventura "em poucas páginas sintetiza as mais elevadas especulações humanas em torno aos atributos divinos".

89. Agostinho. *Liber 83 quaestionum*, q. 51, n. 2 (PL 40, 33). • *De spiritu et anima*, c. 11 (PL 40, 786).

modo, nosso espírito considera o Bem em si mesmo, dizendo que também o Bem é o primeiro nome de Deus. O primeiro destes nomes – o Ser – refere-se particularmente ao Antigo Testamento, que proclama sobretudo a unidade da essência divina[90]. Por isso foi dito a Moisés: "Eu sou aquele que sou". O segundo nome – o Bem – faz referência ao Novo Testamento, que revela a pluralidade

---

90. É óbvio que a "definição" que Deus dá a si mesmo em Ex 3,14 não é – nem pretende ser – uma expressão metafísica da essência divina, mas sublinha vigorosamente a presença salvífica e pessoal de Deus na história. "O nome de Jahveh, sob o qual se manifesta, responde à obra que persegue. Sem dúvida alguma este nome comporta um mistério; por si mesmo diz algo inacessível: 'Eu sou aquele que sou' (3,14); ninguém pode forçá-lo, nem mesmo penetrá-lo. Mas diz também algo positivo, uma presença extraordinariamente ativa e atenta, um poder invulnerável e libertador, uma promessa inviolável: 'Eu Sou'. O verbo ser, ao qual certamente faz alusão o nome de Jahveh, se não expressa imediatamente o conceito metafísico da existência absoluta, designa em todo caso uma existência sempre presente e eficaz, um *adesse* (estar presente) mais do que um *esse* (ser). Mas esta presença abrange o universo desde o seu primeiro dia até o último, e unifica o passado, o presente e o futuro" (X. Léon-Dufour (ed.). *Vocabulaire de Théologie Biblique*. Paris, 1962, art. *Dieu*, col. 218). Mas, segundo a feliz formulação de É. Gilson: "se não há metafísica no Êxodo, há uma metafísica do Êxodo e vemo-la se constituir bem cedo nos Padres da Igreja, dos quais os filósofos da Idade Média não fizeram senão seguir e explorar as diretivas neste ponto" (*L'Esprit de la Philosophie Médiévale*. Paris, 1948, p. 50, nota 1). Situando a revelação do nome de Jahveh no contexto cultural do mundo semita e considerando o uso dos verbos na língua hebraica, duas conclusões podem ser tiradas. Em primeiro lugar, a de que a leitura de "Eu sou aquele que sou" pode – e talvez deve – ser substituída por "Eu sou aquele que há de ser", e com isso, na Bíblia, mais especificamente no Êxodo, estaria surgindo a abertura para o que chamamos de Teologia da História. Em segundo lugar, como no mundo semita era de fundamental importância conhecer o nome da divindade para se alcançar poder sobre ela, para que ela viesse em auxílio ao necessitado, Deus estaria dando a entender que ninguém tinha poder sobre Ele, como se, à pergunta: "Quem és tu?", Ele respondesse: "Eu sou aquele que vocês haverão de encontrar" (cf. G. von Rad. *Theologie des Alten Testaments*. Munique. 4. ed., 1962, vol. I, p. 193-200).

das pessoas divinas ao batizar no nome do Pai, do Filho e do Espírito Santo [Mt 28,19]. Por isso Jesus Cristo, nosso Mestre, querendo elevar à perfeição evangélica aquele jovem que afirmava ter observado a lei, atribui principal e exclusivamente a Deus o nome de bom: "Ninguém é bom – disse então – senão só Deus" [Lc 18,19]. Assim São João Damasceno[91], seguindo Moisés, diz: "Aquele que É é o primeiro nome de Deus". Dionísio[92], ao contrário, seguindo a Cristo, afirma que o primeiro nome de Deus é o Bem.

3. Quem, pois, deseja contemplar as perfeições invisíveis de Deus referentes à unidade de sua essência, fixe primeiro sua atenção sobre o Ser mesmo[93]. Verá que o Ser mesmo comporta em si tal absoluta certeza, que é impossível concebê-lo como não existente[94]. Porque o Ser puríssimo exclui essencialmente no pensamento o não ser, assim como

---

91. João Damasceno. I *De fide orthodoxa*, c. 9 (PG 94, 835-838).

92. Neste capítulo Boaventura trabalha com a noção de "ser", atribuindo-a a Deus. Para Aristóteles e os peripatéticos, é a noção mais alta a que o homem pode chegar. No capítulo seguinte, inspirando-se em Dionísio, na linha de Platão e do neoplatonismo, irá dizer que a noção mais sublime que podemos ter de Deus é a de bem". São palavras de Dionísio: "Voltemos, pois, ao próprio nome de bem, que por todos os teólogos, sem exceção, é atribuído à Superdivindade (hyperthéõ), dizendo que a bondade é a própria essência divina, a origem da divindade; e porque assim Deus é bom por sua essência, como um bem substancial, Ele espalha sobre todos sua bondade" (Dionísio. *De divinis nominibus*, c. 4, § 1; PG 3, 694; cf. c. 3, § 1; PG 3, 679).

93. Cf. a respeito *Hexaëm.*, coll. 3, n. 6 e 10 (V, 344s.), onde melhor se elucida o sentido do presente capítulo.

94. "Está aqui a linha divisória que separa desde o início e para sempre a filosofia de São Boaventura da de Santo Tomás. No aristotelismo de Santo Tomás, a inteligência conhece diretamente a *essência*, que é o seu objeto próprio, e, por meio desta, a *existência*. Na filosofia de São Boaventura a inteligência conhece diretamente a *existência*, e, por meio dela, a *essência*" (M.M.B. Martins. Op. cit., p. 186, nota 5).

o nada exclui absolutamente o ser. Com efeito, assim como o puro nada não tem absolutamente nada do ser nem de suas propriedades, assim o Ser absoluto nada tem do não ser. Nem em ato nem em potência. Nem na realidade nem no nosso pensamento. Ora, sendo o nada a privação do ser, nós não podemos concebê-lo senão por meio do ser. O ser, pelo contrário, para ser conhecido, não tem necessidade de uma coisa estranha a ele, porque tudo o que percebemos com a nossa inteligência percebemo-lo ou como não ser, ou como ser em potência, ou como ser em ato. Ora, se o não ser não se concebe senão pelo ser, se o ser em potência é inconcebível sem o ser em ato, e se o ser designa o mesmo ato puro do ente, deve-se concluir então que o ser é aquilo que por primeiro cai sob nosso conhecimento – e este ser é o ato puro[95]. Tal ser, porém, não é um ser particular, porque o ser particular está limitado por estar permeado de potência. Menos ainda é um ser análogo, porque este possui o mínimo de atualidade, porque possui o mínimo de existência. Resta, pois, que tal ser é o Ser divino[96].

---

95. Cf. Boaventura. I *Sent.* d. 28, dub. 1 (I, 504); II *Sent.* d. 1, p. 2, dub. 1 (II, 51).

96. "Quando Deus diz que Ele é o ser, se o que Ele diz tem para nós um sentido racional qualquer, é em primeiro lugar que o nome que Ele se deu significa o ato puro de existir. Ora, este ato puro exclui *a priori* todo não ser. Da mesma maneira que não ser não possui absolutamente nada do ser nem de suas condições, assim também o Ser não é afetado por nenhum não ser, nem atualmente nem virtualmente, nem em si, nem do nosso ponto de vista. Ainda que leve na nossa linguagem o mesmo nome que o mais geral e o mais abstrato de nossos conceitos, a ideia do Ser significa, pois, algo radicalmente diferente". É claro que para São Boaventura esta capacidade para conceber o ser abstrato está estreitamente ligada à relação ontológica que nos suspende em Deus – a problemática de Deus é, filosoficamente, inseparável da problemática gnoseológica. "Mas não é um conceito que Deus nos convida a pô-lo, nem mesmo como um ser cujo

4. É uma estranha cegueira de nossa inteligência não considerar aquilo que se vê antes de qualquer outra coisa e sem o bem que nada conhece. Mas, assim como o olho, aberto às várias diferenças das cores, não vê a luz por cuja virtude vê as demais coisas ou – mesmo se a vê – não a adverte, assim o olho de nossa alma, aplicado aos seres particulares e universais, também não adverte o ser por excelência que transcende todo gênero, ainda que o mesmo seja a primeira noção e todos os outros seres não possam ser conhecidos senão por ele. – Por isso, é verdade que "o olho de nosso espírito, perante o que há de mais manifesto na natureza, é semelhante ao olho do morcego diante da luz"[97]. Habituado às trevas dos seres criados e às imagens sensíveis parece-lhe não ver nada, mesmo quando contempla o esplendor do ser supremo. Não pensa que esta escuridão profunda é a mais brilhante das iluminações para o nosso espírito [Sl 138,11], assim como o olho do corpo, ao enxergar a luz pura, parece-lhe não ver nada.

5. Considera, pois, se puderes, o Ser puríssimo. Compreenderás que é impossível pensá-lo como derivado de outro. Por conseguinte, deve-se necessariamente pensá-lo

---

conteúdo seria de um conceito. Para além de todas as imagens sensíveis e todas as determinações conceituais, Deus se coloca como o ato absoluto do ser na sua pura atualidade. O conceito que dele nós temos, fraca analogia de uma realidade que a transborda por todas as partes, não podemos explicar senão neste juízo: O Ser é o ser, posição absoluta do que, estando para além de todo objeto, contém em si a razão suficiente dos objetos. Por isso se pode dizer com razão que o excesso mesmo de positividade que oculta a nossos olhos o ser divino é, contudo, a luz que esclarece todo o mais: esta escuridão profunda é a mais brilhante das iluminações para o nosso espírito" (É. Gilson. *L'Esprit*, p. 52-53. • Cf. Boehner e Brown. Op. cit. p. 67s., nota 151).

97. Aristóteles. II *Metaphysica*, c. 1; 993b 9-11.

como primeiro, pois não pode receber sua existência do nada ou de outro ser. Que coisa, com efeito, poderia existir por si mesmo, se o Ser puríssimo não existisse por si e de si?[98]

Este ser te aparecerá também como eterno, não tendo absolutamente nada de não ser e, por conseguinte, como sendo sem princípio e sem fim. Aparecer-te-á, outrossim, como nada possuindo senão o próprio ser e, por isso mesmo, sem composição, mas simplíssimo. Aparecer-te-á como privado de toda possibilidade, e por isso atualíssimo, porque o ser possível tem em si algo do não ser. Aparecer-te-á ainda sem sombra de imperfeição e, por isso mesmo, perfeitíssimo. Aparecer-te-á, enfim, sem diversidade alguma e, portanto, sumamente uno.

---

98. Seja o que for do assim chamado "argumento" de Santo Anselmo (*Proslogion. Opera omnia.* Londres, 1938, c. 4, p. 103-104) a habitual censura levantada contra ele – passagem ilegítima da ordem ideal para a real – não pode ser dirigida, segundo E. Bettoni, contra a argumentação de São Boaventura. "A ideia de Deus, da qual ele parte, não é uma ideia constituída pela minha mente nem pela mente de nenhum homem, mas uma ideia que se impõe e é vivida na mente de cada um. Não é senão o testemunho de uma presença real e é uma força que me faz pensar e, neste sentido, não depende da minha mente, mas, antes, é superior a ela. Portanto, na argumentação de São Boaventura não se infere uma realidade a partir duma ideia, mas se descobre uma realidade que está sob e se revela através de uma ideia, na qual, por assim dizer, esta realidade age. Portanto, nenhum homem pode seriamente negar a existência. [...] Aquelas que soem chamar-se demonstrações da existência de Deus não são senão considerações dirigidas a formar-nos um conceito exato de Deus, isto é, determinar exatamente a ideia confusa que dele temos" (E. Bettoni. *San Bonaventura,* p. 56). Segundo É. Gilson, São Boaventura teria visto muito bem que "a necessidade do ser de Deus *quoad se* (considerado em si mesmo) é a única razão suficiente de sua existência *quoad nos* (considerado com relação a nós). [...] Toda a metafísica boaventuriana da iluminação está atrás deste texto, prestes a explicar por uma irradiação do ser divino sobre nosso pensamento a certeza que nós temos de sua existência" (É. Gilson. *L'Esprit,* p. 60; cf. tb., do mesmo autor, *La Philosophie,* p. 101-118).

O ser, pois, que é ser puro, e simplesmente ser, e ser absoluto, é, por conseguinte, o Ser primeiro, simplíssimo, atualíssimo, perfeitíssimo e sumamente uno.

6. Essas deduções são tão certas, que, para quem se faz uma justa ideia do ser, é impossível opor uma afirmação contrária: cada uma delas implica necessariamente a outra.

Com efeito, se Deus é o ser por excelência, é absolutamente primeiro. Por ser absolutamente primeiro, não foi feito por outro nem muito menos por si mesmo. É, pois, eterno. Se é primeiro e eterno, por isso mesmo exclui toda composição. Portanto, é simplicíssimo. Por ser primeiro, eterno e simplicíssimo, por isso mesmo não há nele mistura alguma de ato e de potência. É, por conseguinte, atualíssimo. Por ser primeiro, eterno, simplicíssimo e atualíssimo, é, por isso, perfeitíssimo: nada lhe falta e nada lhe pode ser acrescentado. Por ser primeiro, eterno, simplicíssimo, atualíssimo e perfeitíssimo, é soberanamente uno.

E diga-se outro tanto, por razão de infinita superabundância, com respeito a todas as demais perfeições. Porque "o que se diz de um ser por infinita superabundância não pode convir senão a um só"[99]. Se, pois, o nome "Deus" designa o Ser primeiro, eterno, simplicíssimo, atualíssimo e perfeitíssimo, é impossível que não exista ou que não seja um só. "Escuta, portanto, ó Israel: teu Deus é o único Deus" [Dt 6,4]. – Se olhas tudo isso na pura simplicidade

---

99. Aristóteles. V *Topica*, c. 3; 134b 23s. A tradução que desta passagem faz Ch. de Bordeaux (op. cit., p. 138), com bastante independência, exprime assim o sentido da conclusão: "Estes atributos devem ser tomados não só em superlativo relativo, que estabelece uma comparação com os outros seres, mas também em superlativo absoluto. Deus não é somente o mais perfeito dos seres, mas é a perfeição mesma; ora a perfeição absoluta não pode convir senão a um só".

de tua alma, serás iluminado, de certo modo, pelos esplendores da luz eterna.

7. Ainda há mais, porém, para aumentar a tua admiração. Com efeito, este Ser é, ao mesmo tempo, primeiro e último, eterno e presentíssimo, simplicíssimo e máximo, atualíssimo e imutabilíssimo, perfeitíssimo e imenso, soberanamente uno e, no entanto, onímodo. – Se considerares todas essas coisas com espírito puro serás penetrado de maior luz, porque verás que Deus é precisamente o último por ser o primeiro. Sendo efetivamente o primeiro, Ele cria tudo em vista de si mesmo. É mister, pois, que seja o fim último de todas as realidades, isto é, o começo e a consumação, o Alfa e o Ômega. – Verás que é presentíssimo, precisamente porque é eterno e, enquanto eterno, não procede de nenhum outro. Nem cessa de existir nem passa de um estado para outro. Portanto, não tem passado, nem futuro, mas é só presente. Verás que é o máximo porque é simplicíssimo. Simplicíssimo na sua essência, deve ser o maior no seu poder, porque quanto mais concentrado é o poder em um, tanto mais infinito ele é[100]. – Verás que é imutabilíssimo porque é atualíssimo. E, enquanto tal, é ato puro. Ora, aquele que é pura atualidade nada de novo adquire nem nada perde do que tem. Não admite, pois, mudanças. – Verás que é imenso porque é perfeitíssimo. Vendo a perfeição absoluta, não se pode pensar nada que seja melhor, mais nobre, mais digno e, consequentemente, maior do que ele. Tal Ser é imenso. – Enfim, verás que é onímodo porque é soberanamente uno. Sendo soberanamente uno é princípio universal de toda multiplicidade dos seres. Por isso mesmo é deles a causa eficiente, exemplar e final, isto é, "a causa da existência, a razão da inteligência

---

100. "*Omnis virtus unita plus est infinita quam virtus multiplicata*" (*Livro das Causas/Liber de causis*, prop. 16, p. 135).

e a ordem da vida"[101]. – O ser puríssimo é portanto tudo, não como se fosse a essência de todas as coisas, mas enquanto é a causa perfeitíssima, universalíssima e suficientíssima de todas as essências – causa, cujo poder, por ser soberanamente uno na sua essência, é sumamente infinito e múltiplo na eficácia.

8. Recapitulando, digamos: O ser puríssimo e absoluto – isto é, o Ser por excelência – é o primeiro e o último. Por isso é a origem de todas as coisas e o fim que as consuma. – Enquanto eterno e onipresente, abrange e penetra toda a duração do tempo, como se fosse seu centro e sua circunferência. – Sendo simplicíssimo ao máximo, é tudo em todas as coisas e é tudo fora das mesmas. É como que "uma esfera inteligível, cujo centro está em toda parte e cuja circunferência está em nenhum lugar"[102]. – Enquanto atualíssimo e imutabilíssimo, "permanece estável, dá movimento a todo o cosmo"[103]. – Enquanto perfeitíssimo e imenso, está dentro de todas as coisas, mas não incluído; fora de todas as coisas, mas não excluído; acima de todas as coisas, mas não sobrelevado; abaixo de todas as coisas, mas não abatido.

Como sumamente uno e onímodo, "é tudo em todas as coisas" [1Cr 15,28], embora elas sejam numerosas e ele um só. A razão disso está em que na sua simplicíssima unidade, puríssima verdade e autentíssima bondade, possui todo o poder, toda a essência exemplar e toda a comunicabilidade. Por isso, "as coisas são dele, por Ele e nele" [Rm 11,36], porque é todo-poderoso, infinitamente

---

101. Ver supra, nota 33.

102. Sentença muito conhecida pelos medievais. É de Alano de Lille. *Regulae theologicae* 7 (PL 210, 627).

103. Boécio. III *De consolatione Philosophiae*, metro 9 (PL 63, 758).

sábio e absolutamente bom. Vê-lo perfeitamente é possuir a felicidade, de acordo com a palavra dita a Moisés: "Eu te mostrarei todo o bem" [Ex 33,19].

VI
A contemplação da Santíssima Trindade no seu nome: o bem

1. Após termos considerado a Deus nos seus atributos essenciais, devemos elevar o olhar de nossa inteligência à contemplação da beatíssima Trindade. Destarte, os dois querubins do propiciatório[104] serão colocados um junto

---

104. Neste capítulo "a contemplação mística vai receber brusca dilatação; aquela necessidade do ser, tal que sua inexistência não pode mesmo mais ser pensada, vai se desabrochar em fecundidade. Entre a tendência infinita do Bem para se difundir fora de si e sua finalidade interna, a faísca divina vai se acender; as três pessoas distintas se geram, procedem e atam, sob nosso olhar, seus liames eternos e indestrutíveis; o Verbo é proferido em nosso ouvido e nele se exprimem eternamente os exemplares de tudo. De agora em diante duas grandes ideias vão se defrontar no cume do nosso pensamento: assim como um querubim olha para o outro querubim por cima do propiciatório da Arca, as duas contemplações do Ser e do Bem se consideram face a face e parecem encher nossa alma inteira. Mas, ao mesmo tempo em que se olham, elas se refletem, interpenetram-se, conduzindo nosso pensamento da necessidade do ser à fecundidade do bem, mostrando-as inseridas uma na outra, indissolúveis, idênticas". Mas diante do desespero de superar a distância infinita que separa ainda a alma, chegada a seu mais alto cimo, de Deus para o qual tende, "se coloca um mediador entre o Ser e nosso quase nada – e tal mediador é Cristo. Fixada em Cristo, ela pode finalmente se unificar de todo; não mais vê as duas faces dos querubins que se olham por cima do propiciatório – ela própria olha o propiciatório e admira o que nele vê". Abre-se-lhe assim o acesso do Ser e é-lhe entregue o objeto de seus desejos. Ao mesmo tempo, decifram-se finalmente os dois "livros" – o da natureza e o da alma. "A alma torna a ser a imagem de Deus que outrora tinha sido no paraíso terrestre, uma espécie de coisa perfeita que acaba de atingir seu acabamento, como a criação teve o seu na tarde do sexto dia". E nada lhe restaria esperar se não houvesse ainda o repouso pascal do sétimo dia – que será o tema do capítulo subsequente (É. Gilson. *La Philosophie*, p. 368-369).

do outro. Assim como o Ser é o princípio radical de todos os atributos essenciais de Deus e seu nome nos conduz ao conhecimento dos demais, assim o Bem é o principalíssimo fundamento sobre o qual devemos apoiar-nos para contemplar as processões.

2. Olha, pois, e observa que o soberano Bem é de tal modo perfeito, que nada melhor se pode pensar. E semelhante Bem é impossível concebê-lo retamente como não existente, porque ser é absolutamente melhor do que não ser[105]. Por isso, para termos uma ideia exata do Sumo Bem, é preciso concebê-lo como trino e uno. De fato, diz-se que "o bem tende, por própria natureza, a difundir-se"[106]. É, pois, próprio do Sumo Bem difundir-se sumamente. A suma difusão, porém, deve ser, necessariamente, atual e intrínseca, substancial e pessoal, natural e voluntária, livre e necessária, indefectível e perfeita. Por isso, se no Sumo Bem não houvesse desde toda a eternidade uma produção atual e consubstancial e uma pessoa[107] tão nobre quan-

---

105. Anselmo. *Proslogion* c. 2-4, p. 101-104.

106. Cf. nota 92, supra. O princípio *bonum diffusivum sui* provém do Pseudo-Dionísio Areopagita (*De divinis nominibus* c. 4, § 1; PG 3, 694; cf. c. 3, § 1; PG 3, 679; *De caelesti Hierachia* c. 4, § 1; PG 3, 178ss.). Em sua forma latina, ao que consta, foi enunciado pela primeira vez por Filipe, o Chanceler, na *Summa de bono*. Partindo deste princípio, São Boaventura quer descrever congruentemente o mistério inefável da vida intratrinitária, *per viam caritatis*: "É exigência da caridade suma que um ame a outro tanto quanto a si mesmo, ligando-se ambos em amor mútuo de amizade. Onde há, por conseguinte, caridade suma, há um amante e um amado. Além disso, a caridade suma exige que um terceiro se associe ao amor mútuo entre o amante e o amado: é o coamado. O Pai, o amante, por força de caridade infinita, comunica o ser divino a outro, ao qual ama como a si mesmo: o Filho, que é o amado. O Pai e o Filho comunicam a divindade a um terceiro, ao qual associam ao mútuo amor que ambos se têm: é o Espírito Santo, isto é o coamado" (*Lexicon Bonaventuriano*, p. 727).

107. A palavra usada por Boaventura é *hypostasis* (hipóstase), que preferi-

to o Princípio que produz por via de geração e espiração (isto é, se esta produção não vier de um princípio eterno que produz eternamente o seu igual), de modo que haja o amado e o coamado, o gerado e o espirado – o Pai, o Filho e o Espírito Santo –, Deus não seria o Sumo Bem, porque não se difundiria a si mesmo de maneira soberana. A difusão nas criaturas, a partir do tempo, é só um centro ou um ponto em comparação com a imensidade da bondade eterna. Por isso nós podemos conceber uma comunicação maior – aquela, por exemplo, em que o que se difunde comunica a outro toda a sua substância e sua natureza. Deus, portanto, não seria o Sumo Bem se, na realidade ou no intelecto, carecesse de tal difusão.

Se podes, contempla, pois, com o olho da alma a pureza desta bondade, que é o ato puro de um princípio que ama caritativamente com um amor gratuito, e devido e misto de dois amores[108]. Um amor que é pleníssima comu-

---

mos traduzir por "pessoa". Boécio, explicando a relação do vocabulário grego com o latino, mostra que *hypóstasis* é dita das substâncias individuais, e *prósopon* traduz-se por pessoa. Como os gregos atribuíam a palavra *hypóstasis* somente às substâncias superiores (cf. Boécio. *Contra Eutychen et Nestorium* [sigo, por ser mais segura, a ed. alemã: Hamburg, 1988]. • *Die theologische Traktate*, c. 3-4, p. 74-88), ela, aos poucos, foi sendo usada no sentido de *prósopon*, pessoa, e então, falando da Trindade divina, eles diziam: "*mian ousían treis hypóstaseis* que se traduz para o latim como 'uma essência e três substâncias', enquanto os latinos preferiam: *una essentia tres personae* [...] Mas como nosso modo de falar convencionou que, quando dizemos essência entendamos substância, não ousamos dizer 'uma essência e três substâncias', e sim uma essência ou substância e três pessoas' (*unam essentiam vel substantiam, tres autem personas*)" (Agostinho. V *De Trinitate*. 8-9; PL 42, 917-918). Para uma explicação mais aprofundada, cf. J. Savian Filho. *Boécio: Escritos (Opuscula Sacra)*. São Paulo, 2005, p. 165-172, com as respectivas notas.

108. Esta divisão do amor intratrinitário é proposta por Ricardo de São Vítor. V *De Trinitate*, c. 16s. (PL 196, 961s.). "O amor gratuito é o amor do Pai, porque doa sem nada receber. O amor gratuito e devido é o amor do Filho,

nicação do Sumo Bem por meio da inteligência e da vontade: pelo primeiro modo, produzindo Verbo – em que se dizem todas as coisas – e, pelo segundo, produzindo o Dom – em quem se doam todos os outros dons[109]. A perfeita comunicabilidade do Sumo Bem far-nos-á compreender que é necessário exista a Trindade do Pai, Filho e Espírito Santo. Podes ver que, nestas pessoas, a suma bondade exige uma suma comunicabilidade; e a suma comunicabilidade, a suma consubstancialidade; e a suma consubstancialidade, a suma semelhança; e delas todas surge a suma coigualdade, e devido a ela a coeternidade. E em virtude de tudo isso, a suma cointimidade, em virtude da qual um está necessariamente no outro por suma circumincessão[110] e um opera com o outro por razão da

---

porque doa e recebe. O amor devido é o amor do Espírito Santo, porque recebe sem nada doar" (Ch. de Bourdeaux. Op. cit., p. 196, nota 16).

109. Fala-se aqui das duas "processões" divinas, já antes mencionadas: a "geração" do Filho pelo Pai (a modo de inteligência) e a "espiração" do Espírito do amor mútuo do Pai e do Filho (a modo de vontade); Ensina o IV Concílio de Latrão (1215): "O Pai de nenhum outro se origina, o Filho provém somente do Pai, o Espírito Santo de ambos conjuntamente – sem começo, sem continuação e sem fim (*Pater a nullo filius autem a solo patre ac spiritus sanctus ab utroque pariter absque initio semper et fine*. Apud: documenta-catholicaomnia.eu/a_Concilium_Lateranum_IIII). Diz-se "sem começo, sem continuidade e sem fim" porque, com efeito, "em sua individualidade essencial, Deus é simultaneamente e sem distinção em sua natureza e em sua operação: isto é, a natureza divina, a inteligência e também a vontade são comuns ao Pai, ao Filho e ao Espírito Santo. Não seria, pois, rigorosamente exato relacionar a natureza com o Pai, a inteligência com o Filho, a vontade com o Espírito". Mas mesmo reconhecendo a insuficiência desta analogia, tal assimilação é exata em razão do processo denominado "apropriação", segundo o qual, levados pelo modo de proceder da Escritura, apropriamos – ou atribuímos – a cada pessoa ora certos atributos, ora certas operações (V.M. Breton. Op. cit., p. 103 e 156-158).

110. No original São Boaventura emprega um termo técnico na teologia: *circumincessio*, que mantemos na tradução. Cf. supra, nota 72.

absoluta indivisão da substância, do poder e da atividade da beatíssima Trindade.

3. Contemplando, porém, a natureza divina, cuida-te para não pensares que compreendes o incompreensível[111]. Restam-te ainda que considerar, nestas seis perfeições, o que deixará tua alma atônita de admiração. – Na Trindade, de fato, temos uma suma comunicabilidade lado a lado com o caráter próprio de cada pessoa, a suma consubstancialidade lado a lado com a pluralidade das pessoas, a suma semelhança lado a lado com a distinção pessoal, a suma

---

111. A mística trinitária de Boaventura pode muito bem ser um fato de catálise no desenvolvimento – ou revalorização – de uma teologia da Trindade que se ligue mais intimamente com a criação em geral e com a existência cristã em especial. Karl Rahner, criticando a atual teologia sobre a Trindade pelo fato de não cumprir com sua obrigação de receber e expor a doutrina trinitária, de maneira a se tornar uma realidade na vida religiosa e concreta do cristão, lembra, entre outros, o exemplo de São Boaventura, para provar que "também na história da piedade, apesar do culto místico do Deus originariamente uno (*ureinen*), sem modo e sem nome, este mistério não só permaneceu sempre como mistério da teologia abstrata, mas houve também [...] uma verdadeira mística da Trindade". Explica ainda: "Em São Boaventura, e a partir do seu exemplarismo, por causa do qual e como consequência da revalorização da causa exemplar, equiparada à causa eficiente e à final, supera, à sua maneira, e de longe, a opinião de que as realidades do mundo não podem ser propriamente trinitárias por ter sido este criado em causalidade eficiente por obra do Deus uno" ("Advertencia sobre el tratado dogmático 'De Trinitate'". In: *Escritos de Teologia*, t. IV, Madri, 1961, p. 106-107 e nota 5). Boaventura, em sua obra teológica, não possui um tratado específico sobre a "unidade de Deus", a preceder o tratado sobre a Trindade. Fiel à tradição que se inspirou nos Padres Antioquenos, ele trata dos atributos divinos ao falar de Deus-Pai, que comunica sua essência às demais pessoas (cf. A. Stohr. *Die Trinitäslehre des heiligen Bonaventuras*. Munique, 1923). Sobre o significado político-ideológico que a noção da unidade divina assumiu, quase que relegando a Trindade, cf. E. Peterson. "Der Monotheismus als politisches Problem". *Theologische Traktate*. Munique, 1955. • L.A. De Boni. "Para uma leitura do Itinerarium mentis in Deum". *Revista Portuguesa de Filosofia* 64,1 (mar. 2008, p. 438-444).

igualdade lado a lado com a ordem, a suma coeternidade lado a lado com a processão, a suma intimidade lado a lado com a missão das pessoas. Quem não será arrebatado em admiração à vista de tantas maravilhas? No entanto, se elevamos os olhos de nosso espírito para a excelentíssima bondade divina, compreendemos com absoluta certeza que todas essas maravilhas se encontram na beatíssima Trindade. Porque, se existe comunicação suprema e difusão verdadeira, deve haver também verdadeira origem e verdadeira distinção. E assim como é o todo – e não uma parte – o que se comunica, segue-se que o mesmo possui aquele que recebe e aquele que doa. Por isso, aquele que procede e aquele que produz se distinguem pelas suas propriedades, mas na sua essência são um só. Se, portanto, são distintos pelas propriedades, é preciso admitir as propriedades pessoais, a pluralidade das pessoas, a processão de origem, a ordem não de tempo, mas de origem e, enfim, a missão que se opera não por uma mudança de lugar, mas pela produção de um efeito gratuito em razão da autoridade de producente, que possui aquele que envia sobre o que é enviado[112]. Mas, por serem [as três pessoas]

---

112. Por "propriedades" entendem os teólogos uma particularidade distintiva que pertence a uma só pessoa divina e a distingue das outras duas. Por sua vez, os traços característicos e distintivos das pessoas divinas chamam-nos "noções". Os atos "nocionais" são, pois, atividades que caracterizam e distinguem as pessoas, à diferença dos atos "essenciais" que são comuns às três pessoas. "Apropriações" (ou atribuições) são maneiras de falar da Liturgia, dos Símbolos etc., atribuindo a uma só pessoa atributos e atividades comuns às três pessoas, como, por exemplo, a criação do mundo atribuída ao Pai (cf. L. Otto. Op. cit., p. 108-112). Por missão (do latim *mittere*, enviar) entende-se a processão de uma pessoa divina (eterna) para um efeito temporal – quer visível ou exterior (a encarnação do Logos), quer invisível ou interior (a comunicação da graça). O fim da missão é somente sobrenatural. Sublinhe-se também que uma missão, não supondo superioridade alguma de uma pessoa sobre outra (pois só a processão

um só na substância, mister se faz reconhecer na Trindade a unidade de essência, de forma, de dignidade, da eternidade, da existência e da incircunscriptibilidade. – Quando consideras estas perfeições, cada uma em si mesma e separadamente, tens aquilo que te capacita para contemplar a verdade. Se, porém, as comparas umas com as outras, tens com que ser elevado à altíssima admiração. Por isso, para que tua mente se eleve pela admiração a uma contemplação admirável, considera conjuntamente essas perfeições.

4. Isso nos ensinam os dois querubins que se olhavam mutuamente. Nem deixa de ser mistério o fato de que se olhassem "com as faces voltadas para o propiciatório" [Ex 25,20][113]. É a verificação da Palavra do Senhor referida por São João [17,3]: "A vida eterna consiste em conhecermos a ti, único Deus verdadeiro, e a Jesus Cristo, a quem enviaste". De fato devemos admirar não só as condições essenciais e pessoais em si mesmas, mas também em comparação com a soberanamente admirável união de Deus e do homem na unidade de pessoa de Jesus Cristo.

5. Se és o querubim que contempla os atributos essenciais de Deus e se te admirares de que o ser divino é ao mesmo tempo primeiro e último; eterno e presentíssimo; simplicíssimo e máximo ou incircunscrito; todo em todas as partes, mas não contido em parte alguma; atualíssimo,

---

origina a missão), não destrói a perfeita coigualdade das pessoas. Além disso, "uma pessoa divina não muda de lugar nem deixa de ser ou começa a ser relativamente a si própria: sua missão só tem efeito sobre as criaturas que passam a ter com esta pessoa uma nova relação". E, "sendo o efeito produzido na ordem criada pela missão de uma pessoa uma operação da natureza divina, é causado pelas três pessoas em comum; é, pois, simplesmente apropriado à pessoa dita enviada" (V.M. Breton. Op. cit., p. 196).

113. Os dois querubins, olhando sobre o propiciatório, representam os dois Testamentos voltados para Cristo (*Hexaëm.*, coll. 3, n. 11; V, 345).

mas nunca movido; perfeitíssimo e nada tendo de supérfluo ou deficiente; e, no entanto, imenso e ilimitadamente infinito, sumamente uno e contudo omnímodo, como quem tudo possui, toda a força, toda verdade e todo o bem, volta, então, teus olhos para o propiciatório e admira, porque nele o primeiro Princípio se uniu com o último, Deus se uniu com o homem formado no sexto dia[114], o eterno se uniu com o homem temporal, nascido de uma virgem, na plenitude dos tempos, o simplicíssimo se uniu com o sumamente composto, o atualíssimo com aquele que extremamente sofreu e morreu, o perfeitíssimo e imenso com o insignificante, o sumamente uno e omnímodo com um indivíduo composto e distinto dos demais, isto é, com o homem Jesus Cristo.

6. Se és o outro querubim, na contemplação do que é próprio de cada pessoa e te maravilhas de que na Trindade a comunicabilidade coexista com as propriedades pessoais; a consubstancialidade com a pluralidade; a semelhança com a distinção das pessoas; a coigualdade com a ordem de origem; a coeternidade com a processão; a cointimidade com a missão (porque o Filho foi enviado pelo Pai e porque o Espírito Santo, por sua vez, pelo Pai e pelo Filho, permanecendo, porém, sempre com eles e sem se separar jamais deles), olha então para o propiciatório e admira-te de que em Jesus Cristo a unidade de pessoa coexista tanto com a trindade de substâncias como com a dualidade de naturezas; omnímoda concordância com a pluralidade de vontades[115]; a unidade de atribuição do nome de Deus e

---

114. Gn 1,36. A exposição de Boaventura baseia-se em Irineu. IV *Adversus haereses*, c. 20 (37), n. 4 (PG, 7, 1034). Cf. *Brevil.*, p. 4, c. 1 (V, 241ss. *Boaventura de Bagnoregio,* p. 159-161).

115. Diz-se "trindade de substâncias" porque em Cristo está a natureza humana, composta de alma e corpo, e a natureza divina, numa só pessoa,

do homem à mesma pessoa com a pluralidade de propriedades; a coadoração com a pluralidade de nobrezas; a unidade de glorificação com a pluralidade de dignidades; enfim, a coexaltação sobre todas as coisas unidas com a pluralidade de poderes.

7. Nesta consideração a mente se ilumina perfeitamente, contemplando, como no sexto dia da criação, o homem feito à imagem de Deus [Gn 1,26]. Com efeito, se a imagem é uma semelhança expressiva, quando nossa alma considera em Jesus Cristo – que é a imagem do Deus, invisível por natureza – a nossa humanidade tão admiravelmente exaltada e tão inefavelmente unida, vendo reunidos num só o primeiro e o último, o sumo e o ínfimo, o centro e a circunferência, o Alfa e o Ômega, a causa e o efeito, o Criador e a criatura – isto é, o livro escrito por dentro e por fora[116] – então a mente já alcançou um estado perfeito, de modo a poder chegar com Deus à perfeição de suas iluminações no sexto grau, como sendo o sexto dia da criação. Não lhe falta mais nada, a não ser o dia de repouso, no qual a perspicácia da mente humana, pelo êxtase, repouse "de todas as obras que fizera" [Gn 2,2].

---

que é a divina. Consequentemente, sendo Cristo Homem-Deus, fala-se de pluralidade de vontades – a vontade humana e a divina.

116. No pensamento de São Boaventura, "o livro escrito 'por dentro', isto é, o livro interior, é a arte e a Sabedoria eterna de Deus, o divino exemplar representativo e causativo das coisas que se hão de criar segundo as razões e as ideias aí contidas; o livro escrito 'por fora', isto é, o exterior, é a criação, obra divina representativa e declarativa das perfeições divinas; o livro escrito 'por dentro e por fora' é Jesus Cristo, em quem a eterna Sabedoria e sua obra se encontram unidas em unidade de pessoa" (*Lexicon Bonaventuriano*, p. 734).

VII
O êxtase mental e místico no qual a inteligência encontra o repouso e o afeto, pelo êxtase, o passa totalmente a Deus

1. As seis considerações percorridas foram para nós como os seis degraus do trono do verdadeiro Salomão, pelos quais se chega à paz[117]. Aqui o homem verdadeiramente pacífico descansa na mente pacífica, como na Jerusalém interior. Elas são também como as seis asas do querubim, por cuja ajuda a alma do verdadeiro contemplativo, iluminada plenamente pela sabedoria celestial[118], pode ser elevada às alturas. São, outrossim, como os primeiros seis dias da criação, durante os quais a mente deve se exercitar

---

117. O capítulo VII retoma o que foi proposto no Prólogo. Este inicia com uma oração, pedindo, pela intercessão da Virgem Maria, que Cristo ilumine "nossa" mente e dirija "nossos" passos no caminho daquela paz "que ultrapassa todo sentimento", "a paz do êxtase" de que gozam os habitantes da Jerusalém celeste, na qual ninguém pode entrar senão por meio de Jesus crucificado. E para lá chegar ele propõe seis degraus, que constituem os seis capítulos vistos até agora. Esse percurso é tomado alegoricamente como os seis degraus que levam até o trono de Salomão, onde se pode "degustar a paz"; como as seis asas do Serafim, por cuja ajuda a alma "pode ser elevada acima de todas as criaturas"; como os seis dias da criação, que preparam para "o repouso do sábado". Falta, pois, um passo: aquele que leva a alma a gozar da paz procurada. Mas, para tanto, ela precisa transcender não apenas ao mundo sensível, mas também a si mesma, e então, junto com Cristo suspenso na cruz, ela também celebrará a páscoa, a passagem para a paz.

118. Boaventura usa a palavra "sabedoria" em diversos sentidos. Cf. supra, nota 7.

para chegar finalmente ao repouso do sábado[119]. Nossa mente cointuiu a Deus fora de nós – por meio dos vestígios –, dentro de nós – pela imagem e na imagem –, e acima de nós – não apenas pela semelhança da divina luz refletindo-se sobre nossa alma, mas também na mesma luz, na medida em que foi possível à nossa condição de peregrinos e ao exercício de nossa mente. Finalmente, no sexto degrau chegamos a considerar no primeiro sumo Princípio, isto é, em Jesus Cristo, "mediador entre Deus e os homens" [1Tm 2,5], maravilhas que não se podem encontrar semelhantes nas criaturas e que superam toda a perspicácia da inteligência humana. Agora resta à nossa alma transcender e passar, pela consideração destas coisas, não apenas além deste mundo sensível, mas também além de si mesma. Nesta passagem Jesus Cristo é "o caminho e a porta" [Jo 14,6; 10,7], a escada e o veículo. É como o propiciatório colocado sobre a arca de Deus e "mistério oculto desde os séculos" [Ef 3,9].

2. Quem volta totalmente sua face para este propiciatório e olha com fé, esperança e caridade, com devoção, admiração e gozo, com veneração, louvor e júbilo, a Jesus Cristo suspenso na cruz, este celebra a Páscoa com Ele, isto é, a passagem[120]. Assim, usando a vara da cruz, ele passa o Mar Vermelho e sai do Egito para entrar no deserto. Lá degusta o maná escondido e repousa com Cristo na tumba, como se estivesse morto às coisas exteriores, experimentando, porém – o quanto é possível nesta vida –, a palavra dita na cruz ao ladrão que estava ao lado de Cristo: "Hoje estarás comigo no paraíso" [Lc 23,43].

---

119. Cf. supra, c. 1, n. 5, onde esta consideração constitui-se o princípio da contemplação.

120. Ex 12,11; 14,16 sobre a vara; 16,15 sobre o maná.

3. Isto também foi dado conhecer ao bem-aventurado Francisco, quando, no arrebatamento de sua contemplação sobre o cume do Monte Alverne (onde meditei as linhas que aqui escrevi), apareceu-lhe um serafim de seis asas pregado a uma cruz, segundo eu e muitos outros ouvimos de um companheiro que então se encontrava com ele. Aqui ele passou a Deus pelo arrebatamento do êxtase e tornou-se modelo da perfeita contemplação, como antes o fora da ação[121]. Qual novo Jacó, foi mudado em

---

121. São Francisco, que aparecera na abertura do Prólogo, volta agora no final da obra. Mas ele não é colocado no texto assim como os deuses que, segundo Aristóteles, entravam na tragédia apenas para baixar as cortinas do palco. Pelo contrário: ele constitui a peça fundamental da conclusão a que Boaventura deseja chegar. Expliquemos melhor. Boaventura fizera estudos universitários em Paris e, ao ser chamado para dirigir a Ordem Franciscana, exercia o cargo de professor naquela universidade. Ora, o ideal de São Francisco era o de viver uma vida simples e pobre; contudo, a necessidade da Igreja e o extraordinário crescimento da Ordem – onde os clérigos se tornaram maioria – fizeram com que os estudos ocupassem importante espaço na vida de muitos religiosos. Sem dúvida, porém, esses frades acadêmicos por mais de uma vez terão perguntado, a si mesmos e aos colegas: O que tinha a ver a vida de estudos com os ideais do santo fundador? O que eles tinham de comum com aqueles colegas de Francisco, ainda vivos, dedicados à contemplação? O *Itinerário da mente para Deus* é a resposta, de elevado nível acadêmico, que Boaventura dá a essa pergunta, e que serve também para ele: os estudos podem se transformar em um caminho para se chegar até Deus se os soubermos utilizar devidamente. E, para tanto, redigiu um modelo de como pode ser percorrido esse caminho, mostrando como, fora de nós, considerando a realidade exterior; em nós, voltando-nos para nossa interioridade; e acima de nós, através dos mais altos conceitos metafísicos de ser e de bem é possível ascender até a contemplação divina (cf. supra, c. 1, n. 3). Mas os frades não se devem iludir: por esse caminho chega-se até o limiar da porta, mas não se entra no repouso da paz de Cristo. Os estudos jamais poderão ser motivo de orgulho para os frades; devem antes levar à humildade, pois são apenas muletas, que ajudam os menos capazes a chegar até Deus, "no qual ninguém pode entrar a não ser por meio de Jesus crucificado" (cf. supra, Prol., n. 3). Francisco, "modelo da contemplação perfeita", não precisou

Israel [Gn 35,10], querendo Deus assim convidar, através dele, mais com seu exemplo do que com a sua palavra, a todos os homens verdadeiramente espirituais a tentarem uma passagem[122] semelhante e a se elevarem até o arrebatamento.

4. Para que esta passagem, porém, seja perfeita, é mister abandonar todas as operações intelectuais, e que todo o ápice do afeto seja transferido e transformado em Deus. Isto, porém, é algo místico e secretíssimo que "ninguém conhece, senão quem o recebe" [Ap 2,17]; nem o recebe, senão quem o deseja; nem o deseja, senão quem está inflamado profundamente pelo fogo do Espírito Santo, que Jesus Cristo enviou à terra. Por isso o Apóstolo [1Cr 2,10s.] diz que esta sabedoria mística foi revelada pelo Espírito Santo.

5. Já que, para obter esta passagem das criaturas a Deus, nada pode a natureza e pouco o esforço humano, é preciso dar pouca importância à indagação e muita à unção; pouca à língua e muita à alegria interior; pouca à palavra e aos livros e muita ao dom de Deus, isto é, ao Espírito Santo; pouca ou nada à criatura e toda à essência criadora – o Pai, o Filho e o Espírito Santo. E, assim, com

---

delas para, ajudado pela graça divina, penetrar naquele lugar sacrossanto e indizível, que a Teologia negativa chama de "trevas mais que luminosas de um silêncio que ocultamente ensina" os mistérios insondáveis de Deus.

122. A palavra latina usada aqui é *transitus*, correspondente ao português "trânsito". Preferimos traduzir por "passagem" devido ao significado de "trânsito" na linguagem comum. *Transitus* é usado 56 vezes por Boaventura – que utiliza também diversos sinônimos –, para indicar contemplação, mistério pascal, morte, despojamento etc. (cf. W. Hülsbusch. "Die Theologie des Transitus". In: *S. Bonanventura, 1274-1974*, vol. 4, p. 533-565. • A. Ménard. "Spiritualité du transitus". Ibid., p. 607-635. • L.A. De Boni. "Para uma leitura do *Itinerarium*, p. 455-463).

Dionísio[123] digamos a Deus trino: "Ó Trindade, essência sobre toda a essência e divindade sobre toda divindade, e bondade sobre toda a bondade, suprema diretriz da teosofia dos cristãos, conduze-nos para as alturas mais que desconhecidas, superluminosas e mais sublimes dos místicos ensinamentos. Aí novos mistérios, absolutos e imutáveis da teologia se escondem nas superluminosas trevas do silêncio que ensina ocultamente; trevas que resplandecem na mais profunda escuridão, que é supermanifesta[124]. Trevas onde tudo reluz, e que plenificam com os esplendores dos mais sublimes bens invisíveis as inteligências invisíveis".

Isso é dito a Deus. Ao amigo, porém, para quem estamos escrevendo estas coisas, digamos com o mesmo Dionísio: "E tu, meu amigo, após ter sido corroborado no caminho das místicas contemplações, abandona os sentidos e as operações intelectuais, as coisas sensíveis e as invisíveis, e todo o não ser e o ser, abandona-te, esquecendo-te de ti, à unidade daquele que está além de toda essência

---

123. Dionísio. *De mystica theologia*, c. 1, § 1 (PG 3, 998s.). Cabem aqui duas observações. A primeira delas é sobre o uso de superlativos, típico da linguagem mística. Assim, por exemplo, o homem não conhece a Deus, tal qual Ele é, mas, considerando a bondade que conhece, atribui a Deus a bondade. Para distinguir, porém, a bondade divina da humana, diz de Deus que Ele é Superbom, como dirá que é Supersanto e até mesmo Superdeus. No presente texto, usando o vocativo, dirige-se à Trindade chamando-a de Superessência (*híperousie*), Superdeus (*hyperthee*) e Superbondade (*hyperágathe*). A segunda observação refere-se ao termo "teosofia", utilizado por ele "no sentido etimológico de 'sabedoria que tem a Deus por objeto'. O vocábulo não encerra, pois, de modo nenhum, o significado que veio a assumir na História da Filosofia, designadamente nos últimos séculos. [...] [Ele indica] um conhecimento superior de Deus, sem nada de teúrgico nem de ocultista" (M.M.B. Martins. Op. cit., p. 219, nota 7).

124. Boaventura, em *Sc. Chr.* 2, resp 9 (V, 10), e em outros lugares, faz referência a este conhecimento nas trevas.

e de toda ciência. Só abandonando tudo e libertando-te de todos, elevando-te sobre ti mesmo e sobre as coisas todas por um transporte absoluto e incomensurável da pura mente[125], alcançarás o raio superessencial das divinas trevas"[126].

6. Se agora procuras saber como isto acontece, pergunta-o à graça e não à ciência; ao desejo e não à inteligência; ao gemido da oração e não aos estudos dos livros; ao esposo e não ao mestre; a Deus e não ao homem; às trevas e não à claridade. Pergunta-o não à luz, mas ao fogo que tudo inflama e que transfere a Deus com unção que arrebata e afeto que devora. Este fogo é Deus e "sua fornalha está em Jerusalém" [Is 31,9]. É Jesus Cristo que o acende com o fervor de sua ardentíssima Paixão, e experimenta-o verdadeiramente só aquele que pode dizer com Jó [7,15]: "Minha alma desejou o laço da forca, e meus olhos pediram a morte". Quem ama esta morte pode ver a Deus, porque é absolutamente certo que "homem algum poderá ver-me sem morrer" [Ex 33,20]. – Morramos, pois, e entremos nas trevas[127]. Imponhamos silêncio às inquie-

---

125. Cf. Boaventura. III *Sent.* d. 23, dub. 4 (III, 503ss.).

126. Os editores de Quaracchi (V, 313, nota 3) lembram que os teólogos da mística aprovam comumente esta doutrina de São Boaventura, expressa através das palavras do Pseudo-Dionísio: nas almas perfeitas se dá um sublime grau de contemplação sobrenatural e infusa, denominada contemplação pura, porque se realiza sem o concurso de imagens sensíveis. Ensinam também que a este degrau de contemplação pertence aquela oração caliginosa (*oratio in caligine*) de que fala Boaventura.

127. "Inefável, porque estranho à ordem do conhecimento, o êxtase deve necessariamente estar acompanhado de um sentimento de ignorância e de escuridão. Entre um pensamento que não conhece ainda e um pensamento que não mais conhece, existe algo de comum – as trevas. O sentimento de se encontrar no escuro e de não mais ver ou, mais exatamente talvez, a ausência de todo o sentimento de visão são, pois, inseparáveis de um estado em que a alma não penetra senão sob condição de ter previamente

tações, às concupiscências e às imaginações. Com Cristo crucificado passemos "deste mundo ao Pai" [Jo 13,1], para que, depois de o Pai nos ter sido mostrado, possamos dizer com Filipe: "Isto nos basta" [Jo 14,8]; e possamos ouvir com São Paulo: "Basta-te a minha graça" [2Cr 12,9], e exultemos com Davi, dizendo [Sl 72,26; 105,48]: "Minha carne e meu coração desfalecem, ó Deus de meu coração e herança minha por toda a eternidade. Bendito seja o Senhor eternamente e todo povo diga: Amém, Amém".

---

transcendido suas mais elevadas faculdades de conhecer. Daí as expressões que São Boaventura emprega frequentemente para qualificá-lo: *caligo* (escuridão), *excaecatio* (cegueira), *ignorantia* (ignorância); elas devem ser tomadas à letra, porque exprimem, antes de tudo, o nada de conhecimento e de visão; portanto, a cegueira completa em que a alma se encontra imersa". Mas, se as faculdades cognitivas ficam obnubiladas, resta ainda uma faculdade da alma que vai mais longe na exploração do ser: "É o amor, porque, enquanto nossa faculdade de conhecer não pode perseguir o Ser até vê-lo, o nosso amor pode persegui-lo enquanto bem até tocar nele e dele fruir" (É. Gilson. *La Philosophie*, p. 371).

Clássicos da Espiritualidade

Confira outros títulos da coleção em

livrariavozes.com.br/colecoes/classicos-da-espiritualidade

ou pelo Qr Code

Conecte-se conosco:

- **f** facebook.com/editoravozes
- @editoravozes
- 𝕏 @editora_vozes
- ▶ youtube.com/editoravozes
- ☎ +55 24 2233-9033

www.vozes.com.br

Conheça nossas lojas:

www.livrariavozes.com.br

Belo Horizonte – Brasília – Campinas – Cuiabá – Curitiba
Fortaleza – Juiz de Fora – Petrópolis – Recife – São Paulo

EDITORA VOZES LTDA.
Rua Frei Luís, 100 – Centro – Cep 25689-900 – Petrópolis, RJ
Tel.: (24) 2233-9000 – E-mail: vendas@vozes.com.br